Canta, Deletrea Lee & Escribe ®

Lectura • Escritura • Ortografía • Fónica • Pronunciación • Comprensión

Empezando a Leer 1

Arranquen los Motores

Reconocimiento de Letras • Letra de Molde • Fónica
Discriminación de Sonidos • Recortando • Pegando

por Sue Dickson y Susan Nitz de Barrera
Ilustraciones de Norma Portadino y Kap Stanfield

Modern Curriculum Press, an imprint of Pearson Learning
299 Jefferson Road, P.O.Box 480,Parsippany, NJ 07054
1-800-321-3106/ www.pearsonlearning.com

ISBN: 1-56704-352-6

Impreso en los Estados Unidos de América

Printed in the United States of America
7 8 9 10   06 05

Mi Fónica y Página de Escribir

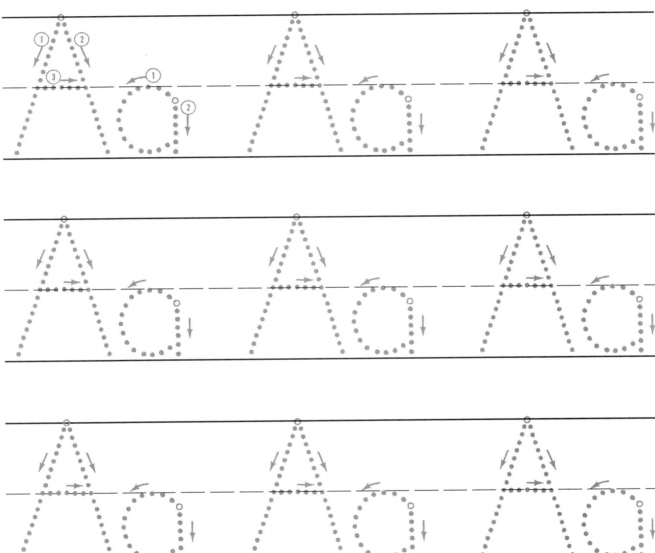

Instrucciones para escribir la letra A, a:

Profesor(a): Al mismo tiempo que escriba la letra en el tablero, repita la siguiente información:

(Para la **A**): "Localiza tu lápiz en el punto de partida y deslízalo hasta el piso. Nuevamente localiza tu lápiz en el punto de partida y deslízalo hasta el piso. Haz un puente entre las dos líneas. Diga el nombre de la letra: "¡Esta es la letra **A** grande!" Diga el sonido de la letra: "¡A, **a**, ala!"

(Para la **a**): Localiza tu lápiz en el punto de partida. Primero mueve en círculo hacia arriba hasta tocar la línea interrumpida. Sigue guiando el lápiz en círculo hasta tocar el piso. Regresa al punto de partida y baja derecho hasta el piso." Diga el nombre de la letra: "¡Esta es la letra **a** pequeña!" Diga el sonido de la letra: "¡A, **a**, ala!"

Mi Fónica y Página de Escribir (cont.)

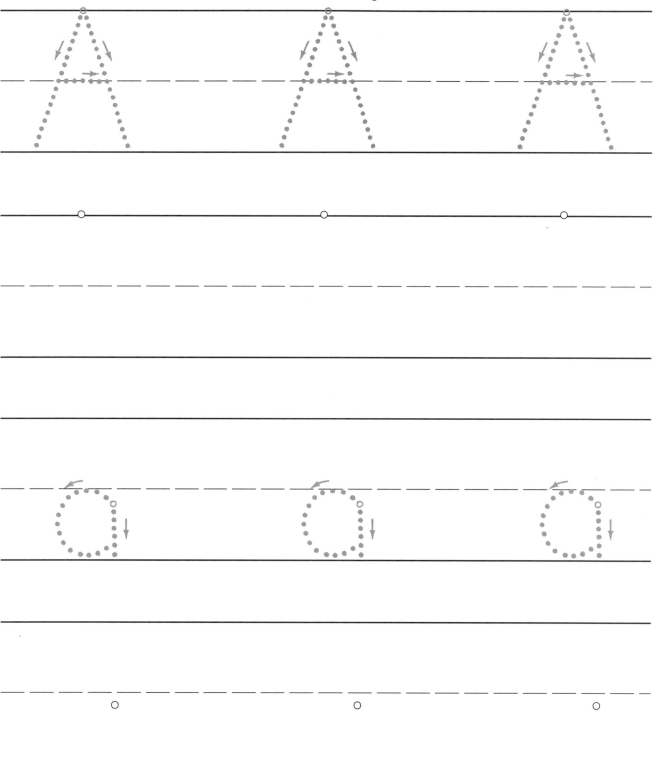

Colorea, Corta y Pega las Figuras que Empiecen con el Sonido de la Letra A  a

Profesor(a): El estudiante debe desprender esta hoja del libro.
Indentifíca las figuras: abeja, caimán, durazno, ambulancia, banana, motocicleta, aguja y astronauta. El estudiante debe recortar las figuras siguiendo la línea interrumpida y pegar en la siguiente hoja aquellas que empiecen con el sonido de la letra **A**.

Nombre

Mis Figuras que Empiecen con el Sonido de la Letra

A   a

Mi Recorte de Revista por el Sonido de la Letra

A a

Modo De Empleo: El estudiante debe recortar una figura de revista y pegarla dentro del marco.

Mi Fónica y Página de Escribir

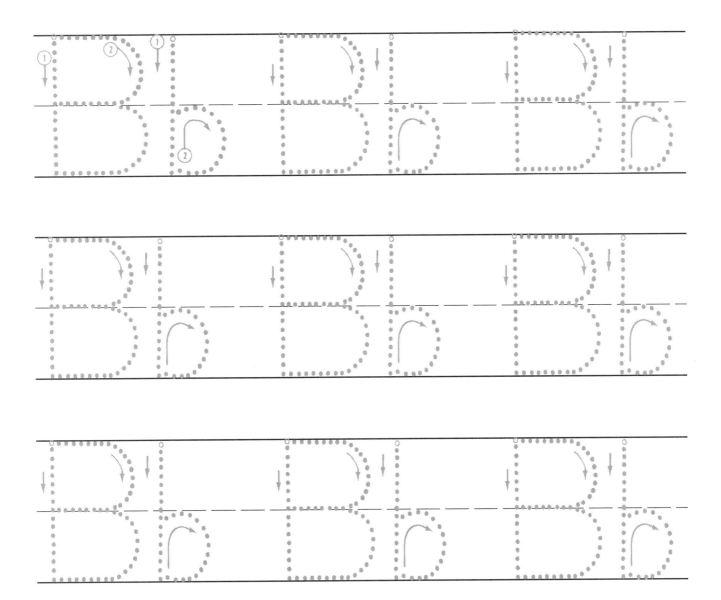

Instrucciones para escribir la letra B, b:

Profesor(a): Al mismo tiempo que escriba la letra en el tablero, repita la siguiente información:

(Para la **B**): "Localiza tu lápiz en el punto de partida. Muévelo recto hasta el piso. Nuevamente localiza tu lápiz en el punto de partida y haz una curva hasta la línea interrumpida. ¡Tiene un gran pecho! Ahora hagamos una gran barriga." Diga el nombre de la letra: "¡Esta es la letra **B** grande!" Diga el sonido de la letra: "¡**B**, **b**, **barco**!"

(Para la **b**): "Localiza tu lápiz en el punto de partida. Muévelo recto hasta el piso. Rebota hacia la línea interrumpida. Toca la línea un poquito y rebota haciendo una curva hasta el piso." Diga el nombre de la letra: "¡Esta es la letra **b** pequeña!" Diga el sonido de la letra: "¡**B**, **b**, **barco**!"

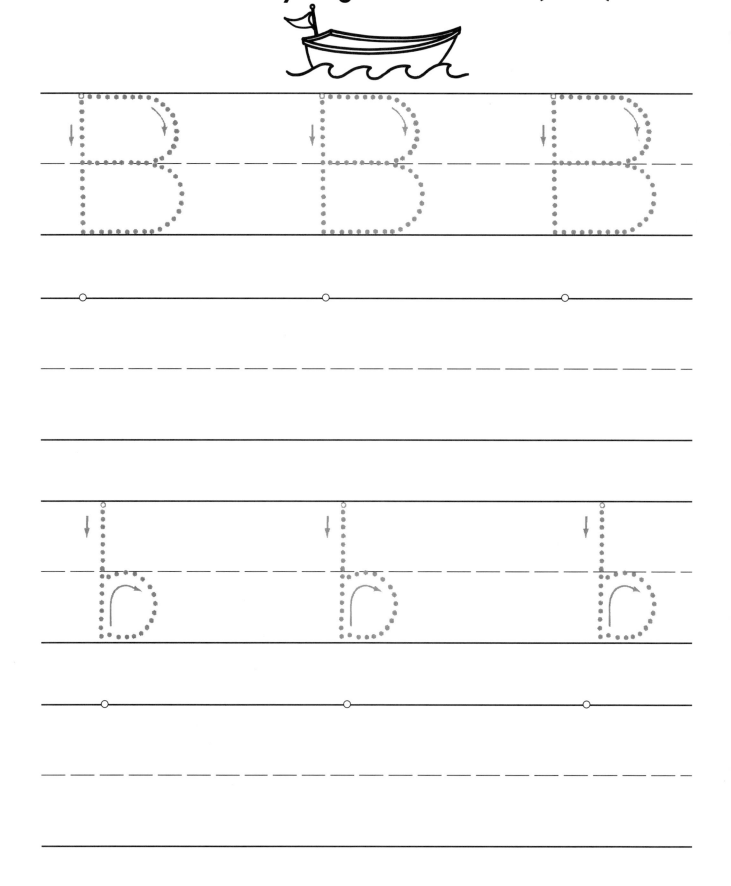

Colorea, Corta y Pega las Figuras que Empiecen con el Sonido de la Letra B  b

Profesor(a): El estudiante debe desprender esta hoja del libro.
Indentifíca las figuras: burro, globo, elefante, botella, botón, pájaro, bebé y payaso. El estudiante debe recortar las figuras siguiendo la línea interrumpida y pegar en la siguiente hoja aquellas que empiecen con el sonido de la letra **B**.

Nombre

Mis Figuras que Empiecen con el Sonido de la Letra

Modo De Empleo: Asegúrese que el estudiante primero desprenda esta hoja y pegue las figuras que empiecen con el sonido de la letra **B**.

Mi Recorte de Revista por el Sonido de la Letra

B b

Modo De Empleo: El estudiante debe recortar una figura de revista y pegarla dentro del marco.

Mi Fónica y Página de Escribir

13

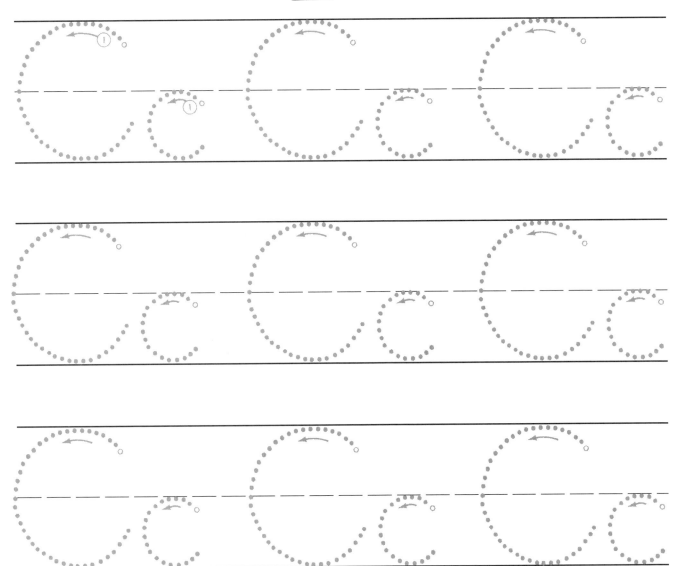

Instrucciones para escribir la letra C, c:

Profesor(a): Al mismo tiempo que escriba la letra en el tablero, repita la siguiente información:

(Para la **C**): "Localiza tu lápiz en el punto de partida. Muévelo hacia arriba hasta el techo, haciendo una curva hasta el piso y dando la vuelta hacia arriba." Diga el nombre de la letra: "¡Esta es la letra **C** grande!" Diga el sonido de la letra: "¡**C**, **c**, casa!"

(Para la **c**): "Localiza tu lápiz en el punto de partida. Haz una curva hasta tocar la línea interrumpida y sigue con la curva hasta el piso." Diga el nombre de la letra: "¡Esta es la letra **c** pequeña!" Diga el sonido de la letra: "¡**C**, **c**, casa!"

Mi Fónica y Página de Escribir (cont.)

Colorea, Corta y Pega las Figuras que Empiecen con el Sonido de la Letra C

Profesor(a): El estudiante debe desprender esta hoja del libro.

Identifíca las figuras: maíz, cama, gato, torta, cuchara, carta, tortuga y corazón.

El estudiante debe recortar las figuras siguiendo la línea interrumpida y pegar en la siguiente hoja aquellas que empiecen con el sonido de la letra **C**.

Nombre

Mis Figuras que Empiecen con el Sonido de la Letra

C   c

Mi Recorte de Revista por el Sonido de la Letra

C **c**

Modo De Empleo: El estudiante debe recortar una figura de revista y pegarla dentro del marco.

Mi Fónica y Página de Escribir

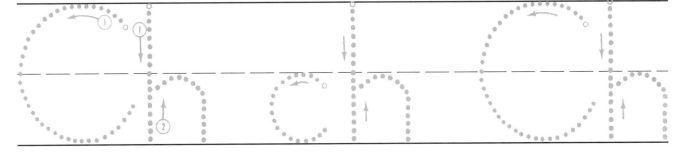

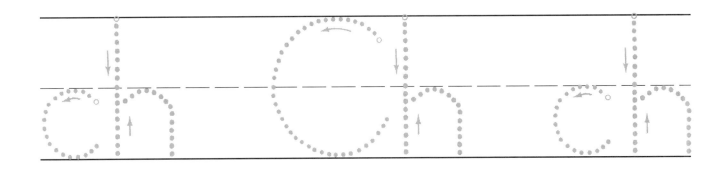

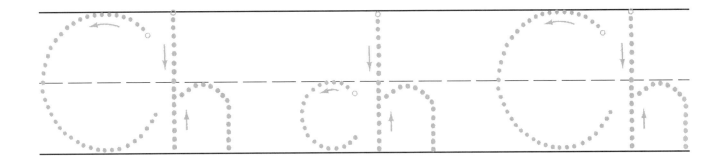

Instrucciones para escribir la letra Ch, ch:

Profesor(a): Al mismo tiempo que escriba la letra en el tablero, repita la siguiente información:

(Para la **Ch**): "Localiza tu lápiz en el punto de partida. Muévelo hacia arriba hasta el techo, haciendo una curva hasta el piso y dando la vuelta hacia arriba. Luego empezamos en el punto de partida #2. Haz una línea recta hasta el piso, hacia arriba a la línea interrumpida, alrededor y abajo. Diga el nombre de la letra: "¡Esta es la letra **Ch** grande!" Diga el sonido de la letra: "¡Ch, ch, charco!"

(Para la **ch**): "Localiza tu lápiz en el punto de partida. Haz una curva hasta tocar la línea interrumpida y sigue con la curva hasta el piso." Luego empezamos en el punto de partida #2. Haz una línea recta hasta el piso, hacia arriba a la línea interrumpida, alrededor y abajo. Diga el nombre de la letra: "¡Esta es la letra **ch** pequeña!" Diga el sonido de la letra: "¡Ch, ch, charco!"

Mi Fónica y Página de Escribir (cont.)

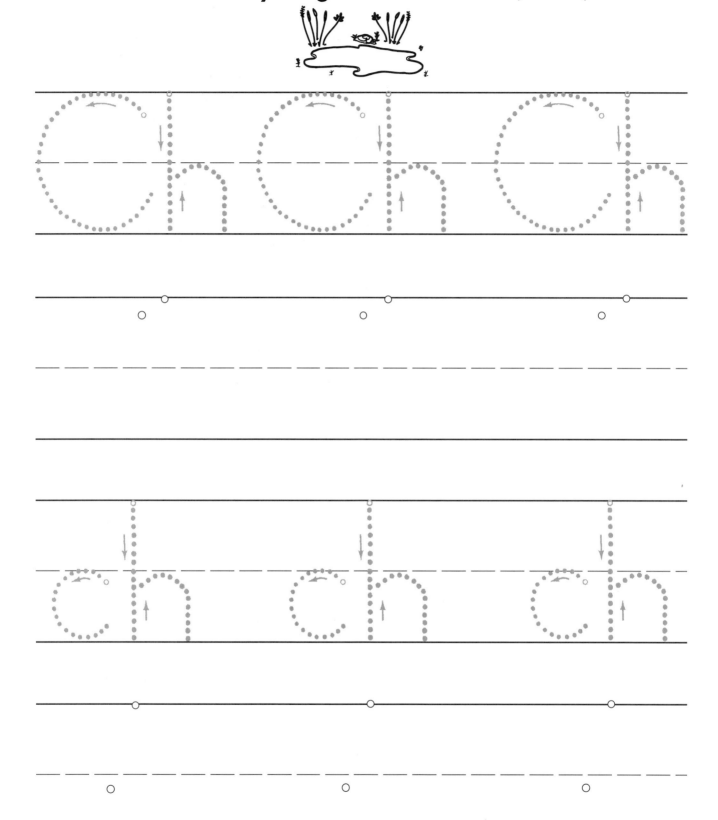

Colorea, Corta y Pega las Figuras que Empiecen con el Sonido de la Letra Ch  , ch

Profesor(a): El estudiante debe desprender esta hoja del libro.
Identifíca las figuras: chivo, ratón, pulpo, chaqueta, champiñón, cebra, conejo y chímenea. El estudiante debe recortar las figuras siguiendo la línea interrumpida y pegar en la siguiente hoja aquellas que empiecen con el sonido de la letra **Ch**.

Nombre

Mis Figuras que Empiecen con el Sonido de la Letra

Ch ch

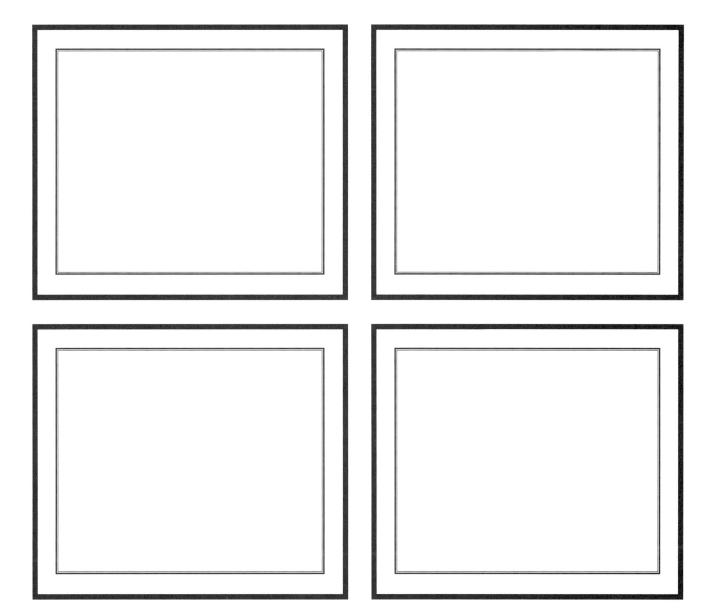

Modo De Empleo: Asegúrese que el estudiante primero desprenda esta hoja y pegue las figuras que empiecen con el sonido de la letra **Ch**.

Mi Recorte de Revista por el Sonido de la Letra

Ch ch

Modo De Empleo: El estudiante debe recortar una figura de revista y pegarla dentro del marco.

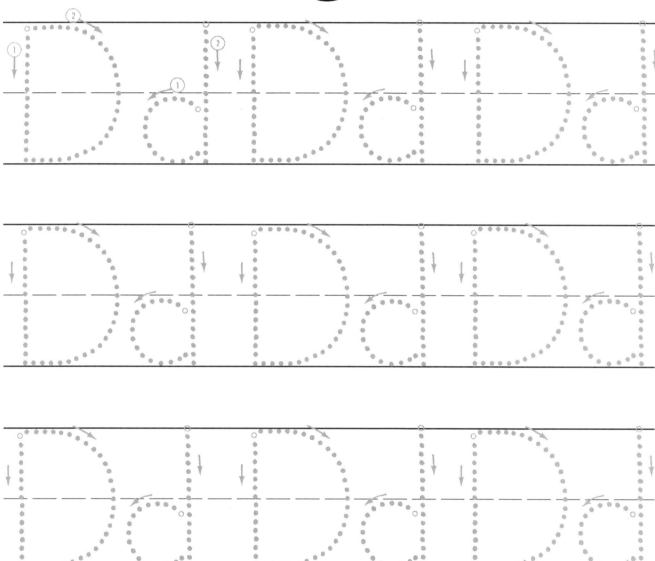

Instrucciones para escribir la letra D, d:

Profesor(a): Al mismo tiempo que escriba la letra en el tablero, repita la siguiente información:

(Para la **D**): "Localiza tu lápiz en el punto de partida. Muévelo recto hasta el piso. Nuevamente localiza tu lápiz en el punto de partida. Muévelo haciendo una gran curva abajo hasta el piso." Diga el nombre de la letra: "¡Esta es la letra **D** grande!" Diga el sonido de la letra: "¡D, d, dinero!"

(Para la **d**): "Localiza tu lápiz en el punto de partida. Haz una c pequeña. Localiza tu lápiz en el punto de partida del techo y haz una línea recta hasta el piso, tocando el borde de la c pequeña." Diga el nombre de la letra: "¡Esta es la letra **d** pequeña!" Diga el sonido de la letra: "¡D, d, dinero!"

Mi Fónica y Página de Escribir (cont.)

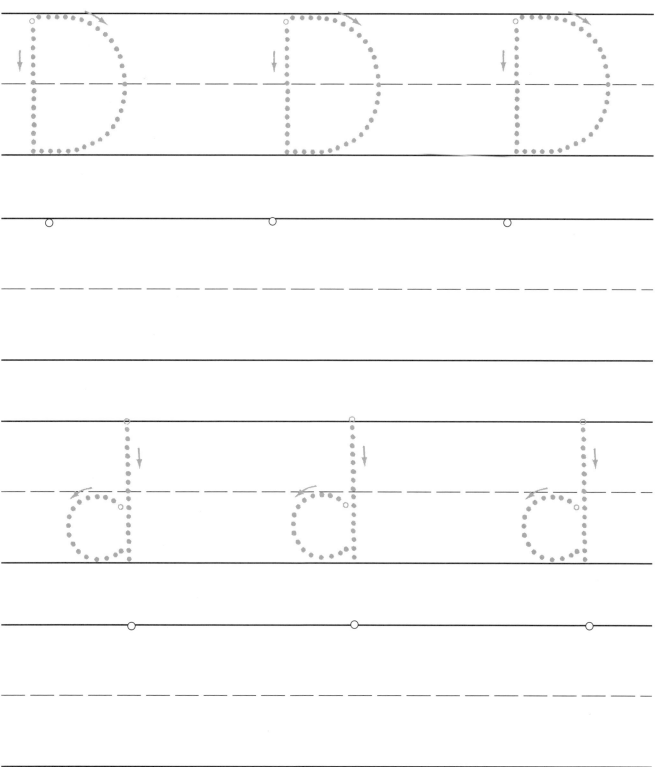

Colorea, Corta y Pega las Figuras que Empiecen con el Sonido de la Letra D   d

Profesor(a): El estudiante debe desprender esta hoja del libro.

Identifíca las figuras: dos, dado, sobre, dedo, dinosaurio, tobogán, mariposa y búho. El estudiante debe recortar las figuras siguiendo la línea interrumpida y pegar en la siguiente hoja aquellas que empiecen con el sonido de la letra **D**.

Nombre

Mis Figuras que Empiecen con el Sonido de la Letra

D d

Mi Recorte de Revista por el Sonido de la Letra

D  d

Modo De Empleo: El estudiante debe recortar una figura de revista y pegarla dentro del marco.

Mi Fónica y Página de Escribir

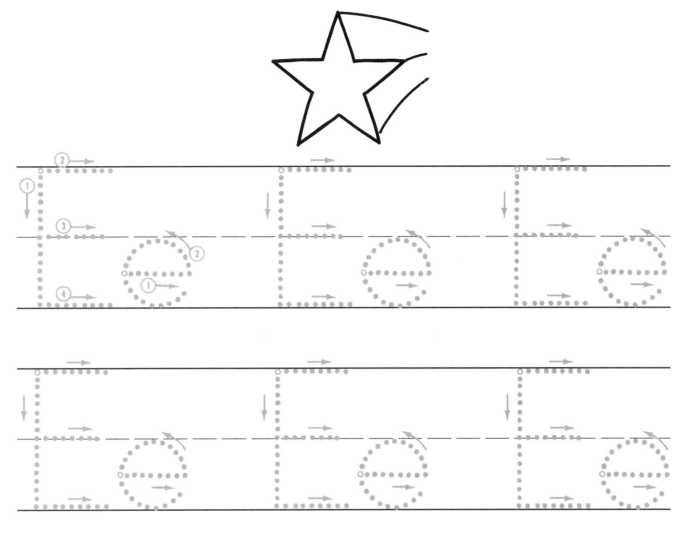

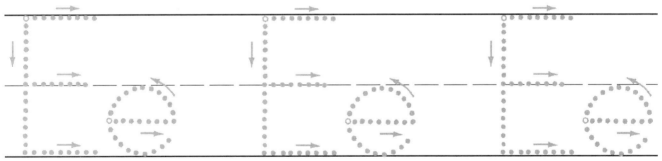

Instrucciones para escribir la letra E, e:

Profesor(a): Al mismo tiempo que escriba la letra en el tablero, repita la siguiente información:

(Para la **E**): "Localiza tu lápiz en el punto de partida. Guíalo en una línea recta hacia abajo hasta tocar el piso. Luego formamos su sombrero, luego su correa, y finalmente sus zapatos." Diga el nombre de la letra: "¡Esta es la letra **E** grande!" Diga el sonido de la letra: "¡E, e, estrella!"

(Para la **e**): "Localiza tu lápiz en el punto de partida, en la mitad del espacio entre la línea interrumpida y el piso. Haz una línea recta como hicimos para formar la correa de la E grande. Sin levantar tu lápiz haz una curva hacia la línea interrumpida y hagamos una c pequeña. "¿Que tenemos ahora?" Diga el nombre de la letra: "¡Esta es la letra **e** pequeña!" Diga el sonido de la letra. "¡E, e, estrella!"

Mi Fónica y Página de Escribir (cont.)

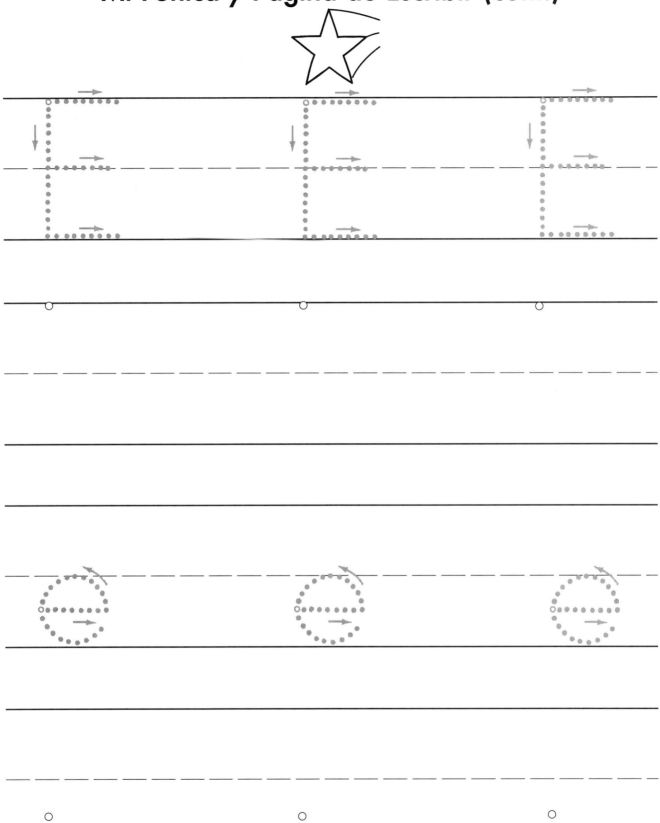

Colorea, Corta y Pega las Figuras que Empiecen con el Sonido de la Letra E

e

Profesor(a): El estudiante debe desprender esta hoja del libro.
Identifíca las figuras: espejo, cono de helado, velero, muñeco de nieve, escaleras, estampilla, campana y espalda. El estudiante debe recortar las figuras siguiendo la línea interrumpida y pegar en la siguiente hoja aquéllas que empiecen con el sonido de la letra **E**.

Nombre

_ _

Mis Figuras que Empiecen con el Sonido de la Letra

E ☆ e

Mi Recorte de Revista por el Sonido de la Letra

E e

Modo De Empleo: El estudiante debe recortar una figura de revista y pegarla dentro del marco.

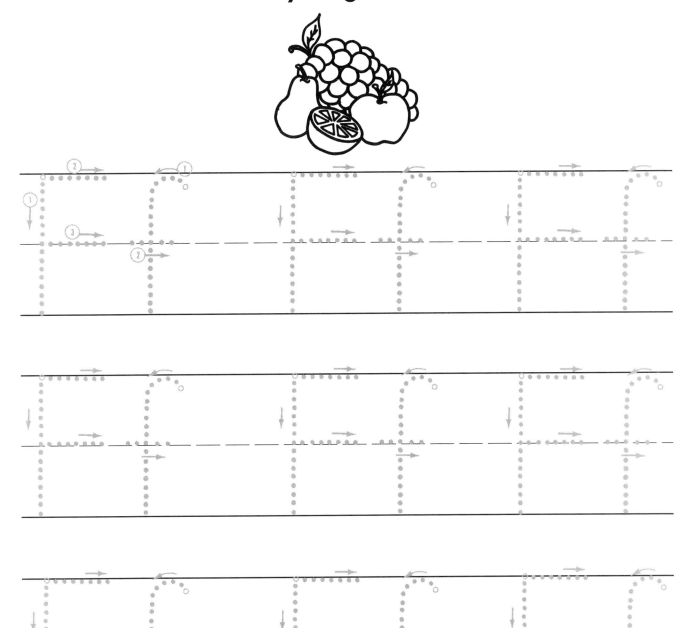

Mi Fónica y Página de Escribir

Instrucciones para escribir la letra F, f:

Profesor(a): Al mismo tiempo que escriba la letra en el tablero, repita la siguiente información:

(Para la **F**): "Localiza tu lápiz en el punto de partida. Haz una línea recta hasta tocar el piso. Luego formamos su sombrero y su correa." Diga el nombre de la letra: "¡Esta es la letra **F** grande!" Diga el sonido de la letra: "¡F, f, fruta!"

(Para la **f**): "Localiza tu lápiz en el punto de partida. Guíalo alrededor hacia arriba, como empezamos la c pequeña. Luego haz una línea recta hasta el piso, y una correa que atraviesa la línea." Diga el nombre de la letra: "¡Esta es la letra **f** pequeña!" Diga el sonido de la letra: "¡F, f, fruta!"

Mi Fónica y Página de Escribir (cont.)

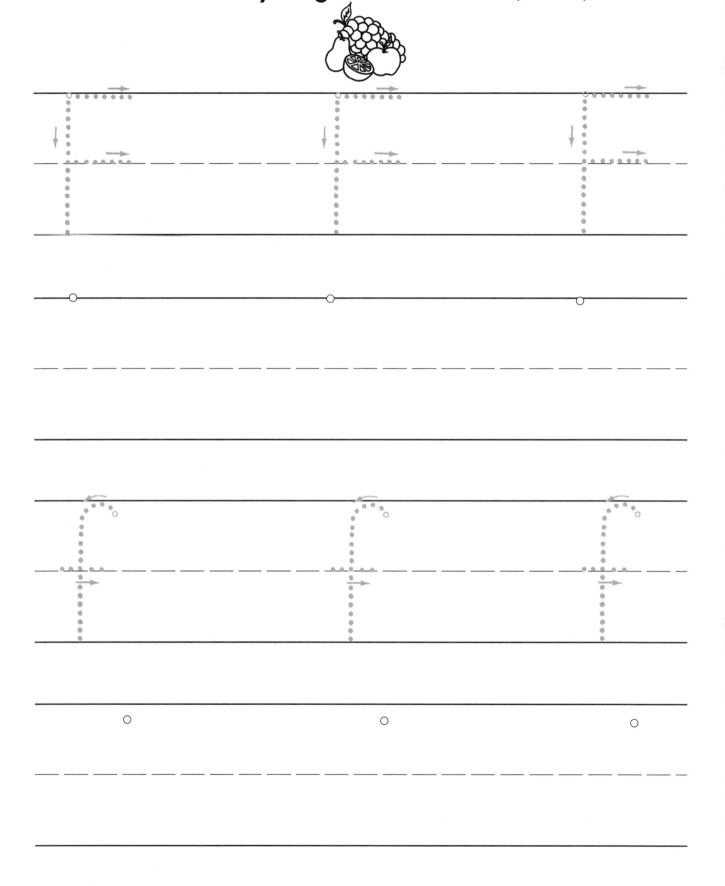

Colorea, Corta y Pega las Figuras que Empiecen con el Sonido de la Letra **F**   **f**

Profesor(a): El estudiante debe desprender esta hoja del libro.

Indentífica las figuras: martillo, falda, flecha, camello, tortuga, cerca, flores y foca. El estudiante debe recortar las figuras siguiendo la línea interrumpida y pegar en la siguiente hoja aquellas que empiecen con el sonido de la letra **F**.

Nombre

Mis Figuras que Empiecen con el Sonido de la Letra

F **f**

Modo De Empleo: Asegúrese que el estudiante primero desprenda esta hoja y pegue las figuras que empiecen con el sonido de la letra **F**.

Mi Recorte de Revista por el Sonido de la Letra

F  f

Modo De Empleo: El estudiante debe recortar una figura de revista y pegarla dentro del marco.

Mi Fónica y Página de Escribir

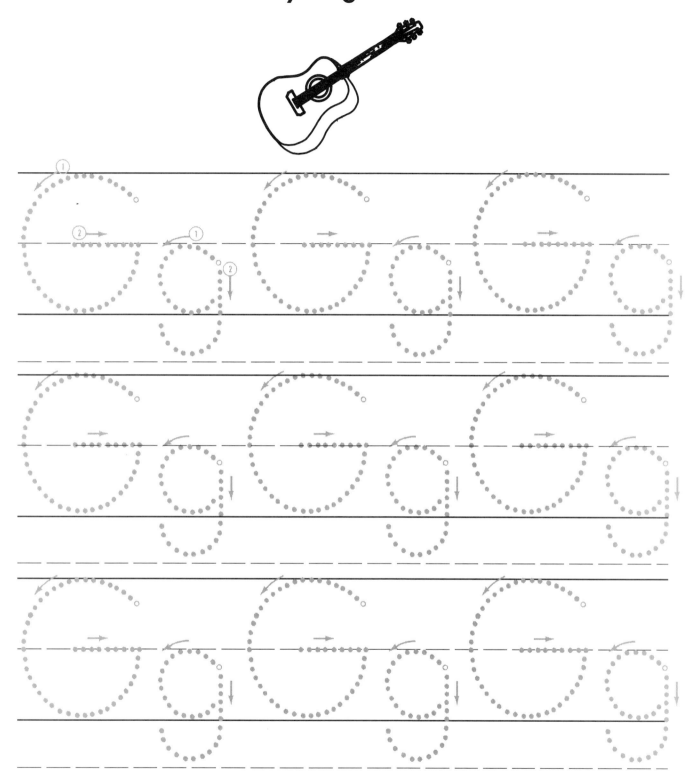

Instrucciones para escribir la letra G, g:

Profesor(a): Al mismo tiempo que escriba la letra en el tablero, repita la siguiente información:

(Para la **G**): "Localiza tu lápiz en el punto de partida. Primero haz la C grande, y continúa la línea curva hasta la línea interrumpida. ¡Ahora dale una bandeja para sostener!" Diga el nombre de la letra: "¡Esta es la letra **G** grande!" Diga el sonido de la letra: "¡**G**, **g**, guitarra!"

(Para la **g**): "Localiza tu lápiz en el punto de partida. Primero haz una a pequeña. Sigue con una línea recta hacia abajo a través el piso hasta la línea interrumpida y haz una curva para formar una canasta." Diga: "¡Hay una canasta para coger la pelota si se cae!" Diga el nombre de la letra: "¡Esta es la letra **g** pequeña!" Diga el sonido de la letra: "¡**G**, **g**, guitarra!"

Mi Fónica y Página de Escribir (cont.)

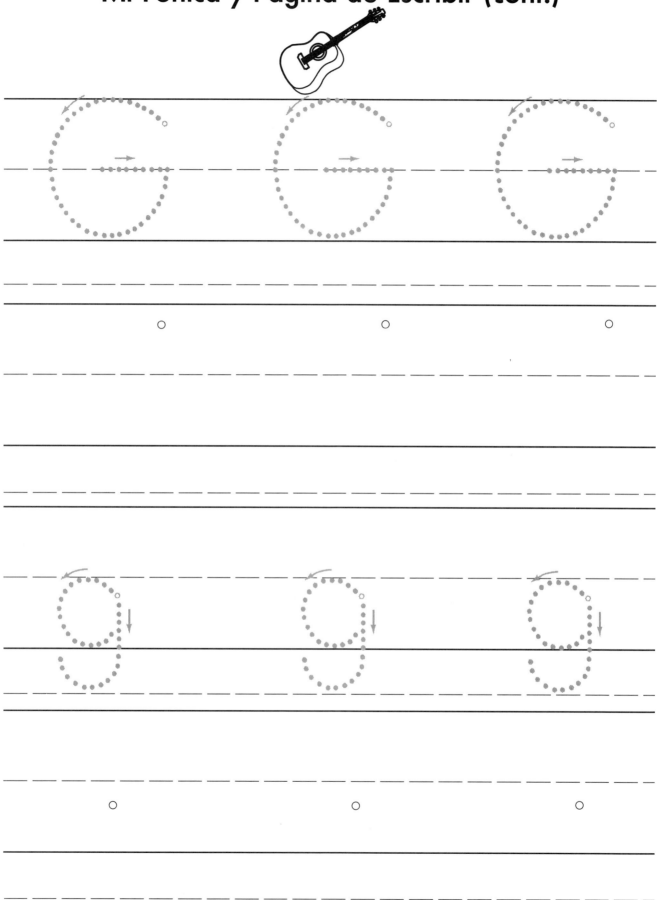

Colorea, Corta y Pega las Figuras que Empiecen con el Sonido de la Letra G

g

Profesor(a): El estudiante debe desprender esta hoja del libro.
Indentifíca las figuras: cepillo de dientes, ganso, gallina, libro, oso, globos, niña y gatos. El estudiante debe recortar las figuras siguiendo la línea interrumpida y pegar en la siguiente hoja aquellas que empiecen con el sonido de la letra **G**.

46

Nombre

Mis Figuras que Empiecen con el Sonido de la Letra

G g

Mi Recorte de Revista por el Sonido de la Letra

G  g

Modo De Empleo: El estudiante debe recortar una figura de revista y pegarla dentro del marco.

Mi Fónica y Página de Escribir

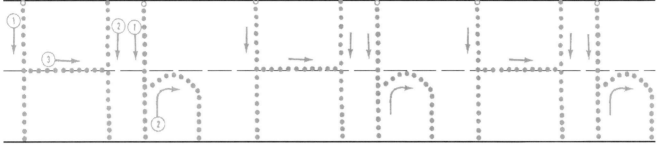

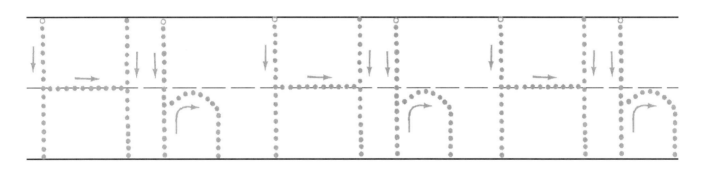

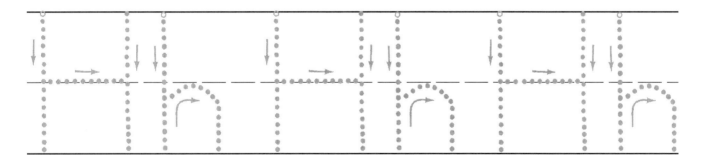

Instrucciones para escribir la letra H, h:

Profesor(a): Al mismo tiempo que escriba la letra en el tablero, repita la siguiente información:

(Para la **H**): "Localiza tu lápiz en el punto de partida y haz una línea recta hasta el piso. Ahora levanta el lápiz y haz otra línea igual. Finalmente haz un puente entre las dos." Diga el nombre de la letra: "¡Esta es la letra **H** grande!" Diga el sonido de la letra: "¡**H** es muda!"

(Para la **h**): Localiza tu lápiz en el punto de partida. Haz una línea recta hasta el piso, hacia arriba a la línea interrumpida, alrededor y abajo. Diga el nombre de la letra: "¡Esta es la letra **h** pequeña!" Diga el sonido de la letra: "¡**H** es muda!"

49

Mi Fónica y Página de Escribir (cont.)

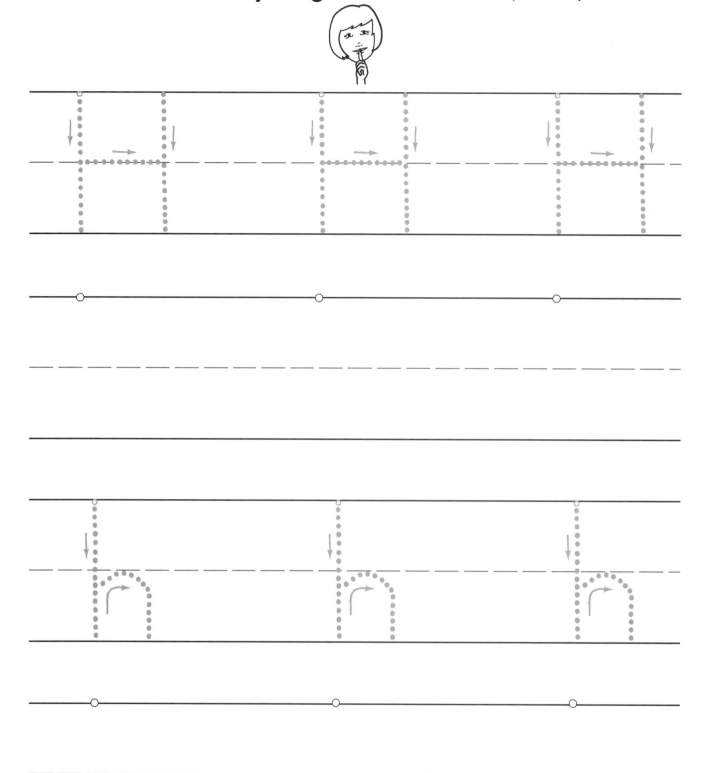

Colorea, Corta y Pega las Figuras que Empiecen con el Sonido de la Letra   H   h

Profesor(a): El estudiante debe desprender esta hoja del libro.
Identifíca las figuras: hormiga, puerco, helado, sombrero, luna, hueso, huevos, bate y pelota de béisbol. El estudiante debe recortar las figuras siguiendo la línea interrumpida y pegar en la siguiente hoja aquellas que empiecen con el sonido de la letra **H**.

52

Nombre

Mis Figuras que Empiecen con el Sonido de la Letra

Modo De Empleo: Asegúrese que el estudiante primero desprenda esta hoja y pegue las figuras que empiecen con el sonido de la letra **H**.

Mi Recorte de Revista por el Sonido de la Letra

H h

Modo De Empleo: El estudiante debe recortar una figura de revista y pegarla dentro del marco.

Mi Fónica y Página de Escribir

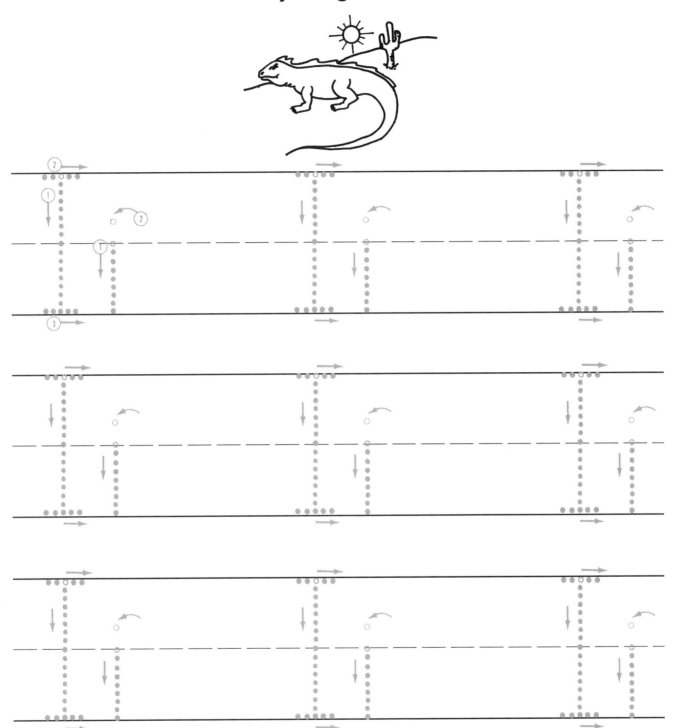

Instrucciones para escribir la letra I, i:

Profesor(a): Al mismo tiempo que escriba la letra en el tablero, repita la siguiente información:

(Para la **I**): "Localiza tu lápiz en el punto de partida y haz una línea recta hacia abajo hasta el piso. Ahora dale una línea recta para la cabeza, y otra línea recta para los zapatos. Diga el nombre de la letra: "¡Esta es la letra **I** grande!" Diga el sonido de la letra: "¡**I**, **i** iguana!"

(Para la **i**): Localiza tu lápiz en el punto de partida y desliza hasta el piso. Ahora dale un insecto para comer. Diga el nombre de la letra: "¡Esta es la letra **i** pequeña!" Diga el sonido de la letra: "¡**I**, **i**, iguana!"

Mi Fónica y Página de Escribir (cont.)

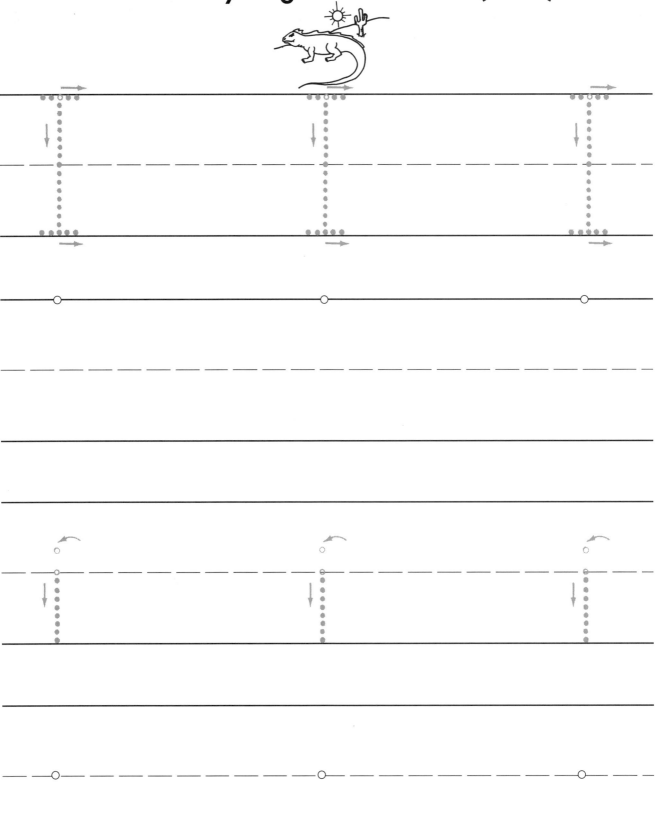

Colorea, Corta y Pega las Figuras que Empiecen con el Sonido de la Letra I

i

Profesor(a): El estudiante debe desprender esta hoja del libro.

Identifíca las figuras: iglú, teléfono, escaleras, isla, imán, kanguro, insecto y codo.

El estudiante debe recortar las figuras siguiendo la línea interrumpida y pegar en la siguiente hoja aquellas que empiecen con el sonido de la letra I.

Nombre

_ _

Mis Figuras que Empiecen con el Sonido de la Letra

Modo De Empleo: Asegúrese que el estudiante primero desprenda esta hoja y pegue las figuras que empiecen con el sonido de la letra **I**.

Mi Recorte de Revista por el Sonido de la Letra

I  i

Modo De Empleo: El estudiante debe recortar una figura de revista y pegarla dentro del marco.

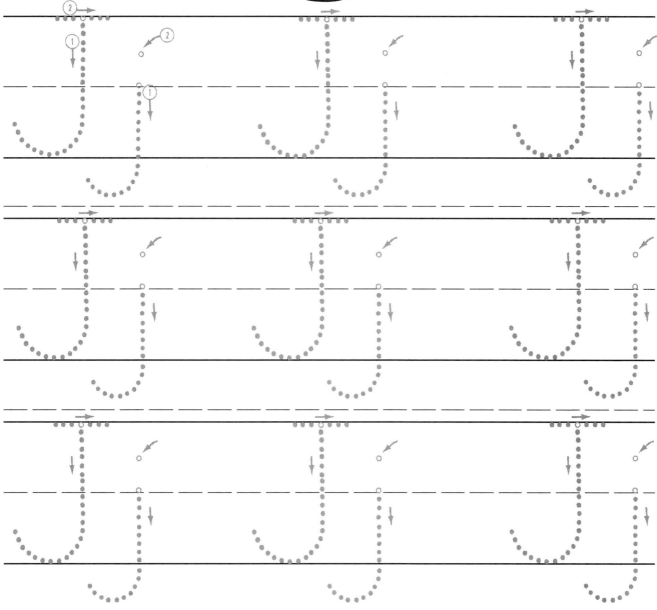

Instrucciones para escribir la letra J, j:

Profesor(a): Al mismo tiempo que escriba la letra en el tablero, repita la siguiente información:

(Para la **J**): "Localiza tu lápiz en el punto de partida. Haz una línea recta hasta el piso. Da una vuelta para formar una canasta como hiciste para la g pequeña. Ponle una línea recta como sombrero." Diga el nombre de la letra: "¡Esta es la letra **J** grande!" Diga el sonido de la letra: "¡**J**, **j**, jaula!"

(Para la **j**): "Localiza tu lápiz en el punto de partida y guíalo hacia el piso hasta el sótano y forma una canasta, como hiciste para la **J** grande. Ahora agrega el punto." Diga el nombre de letra: "¡Esta es la letra **j** pequeña!" Diga el sonido de la letra: "¡**J**, **j**, jaula!"

Mi Fónica y Página de Escribir (cont.)

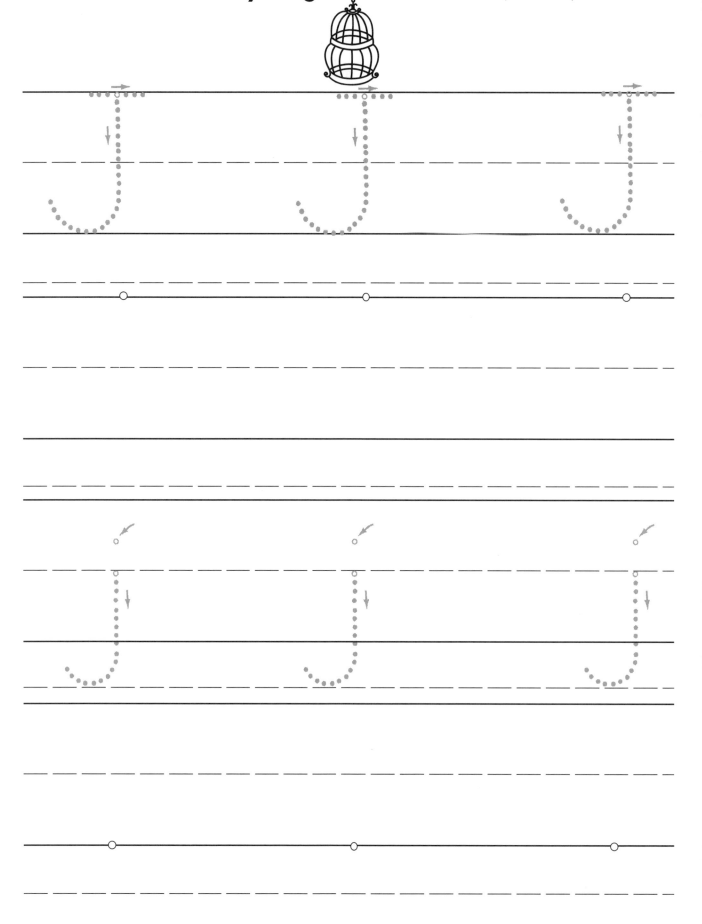

Colorea, Corta y Pega las Figuras que Empiecen con el Sonido de la Letra J

j

Profesor(a): El estudiante debe desprender esta hoja del libro.
Identifíca las figuras: jirafa, jamón, caja de sorpresa, llave, piano, joya, números y jarra. El estudiante debe recortar las figuras siguiendo la línea interrumpida y pegar en la siguiente hoja aquellas que empiecen con el sonido de la letra **J**.

Nombre

Mis Figuras que Empiecen con el Sonido de la Letra

J j

Modo De Empleo: Asegúrese que el estudiante primero desprenda esta hoja y pegue las figuras que empiecen con el sonido de la letra **J**.

Mi Recorte de Revista por el Sonido de la Letra

J      j

Modo De Empleo: El estudiante debe recortar una figura de revista y pegarla dentro del marco.

Mi Fónica y Página de Escribir

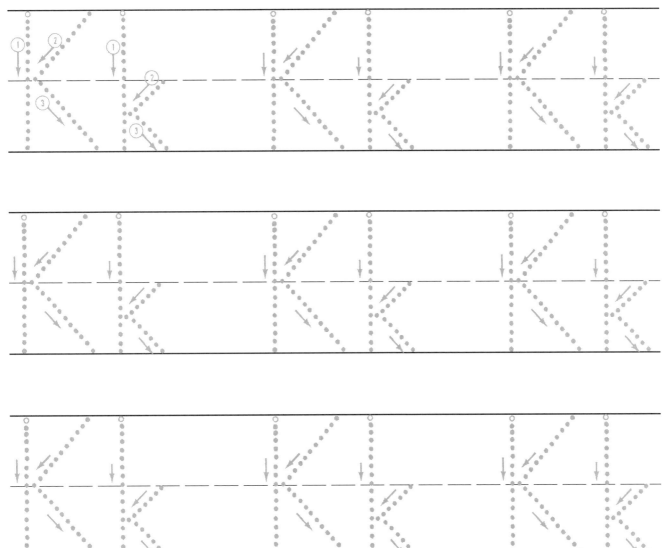

Instrucciones para escribir la letra K, k:

Profesor(a): Al mismo tiempo que escriba la letra en el tablero, repita la siguiente información:

(Para la **K**): "Localiza tu lápiz en el punto de partida y haz una línea recta hasta el piso. Ahora localiza tu lápiz en la línea superior a lo lejos del punto de partida. Desliza tu lápiz hasta la línea interrumpida y luego hasta el piso." Diga el nombre de la letra: "¡Esta es la letra **K** grande!" Diga el sonido de la letra: "¡**K**, **k**, koala!"

(Para la **k**): "Localiza tu lápiz en el punto de partida y haz una línea recta hasta el piso. Localiza tu lápiz en la línea interrumpida y deslízalo hacia la mitad y luego hacia el piso." Diga el nombre de la letra: "¡Esta es la letra **k** pequeña!" Diga el sonido de la letra: "¡**K**, **k**, koala!"

Mi Fónica y Página de Escribir (cont.)

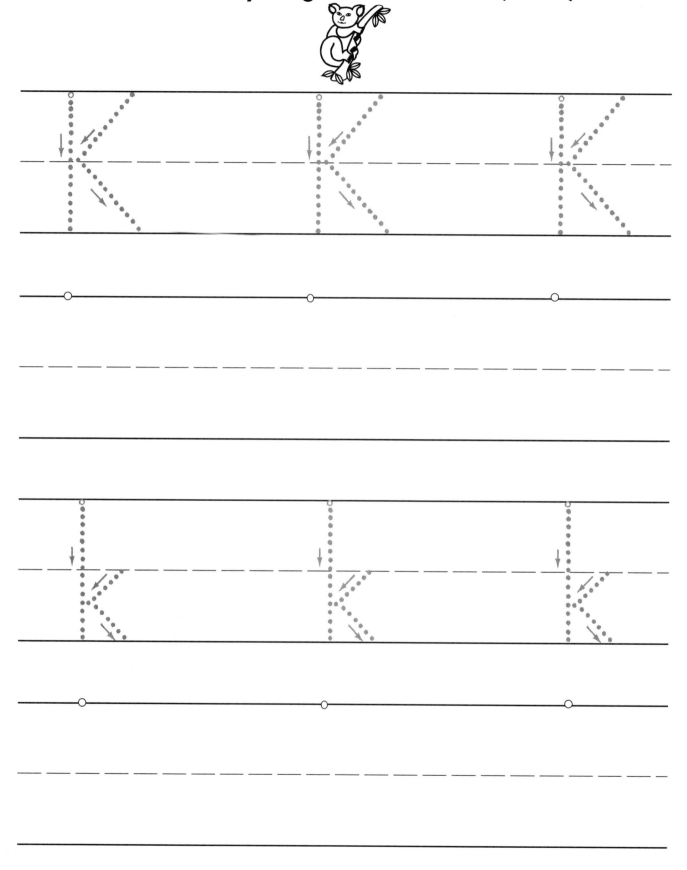

Colorea, Corta y Pega las Figuras que Empiecen con el Sonido de la Letra K k

Profesor(a): El estudiante debe desprender esta hoja del libro.
Identifíca las figuras: kindergarten, kanguro, cometa, mico, guante de béisbol, kimono, kiosko y paraguas. El estudiante debe recortar las figuras siguiendo la línea interrumpida y pegar en la siguiente hoja aquellas que empiecen con el sonido de la letra **K**.

Nombre

Mis Figuras que Empiecen con el Sonido de la Letra

K   k

Mi Recorte de Revista por el Sonido de la Letra

K   k

Modo De Empleo: El estudiante debe recortar una figura de revista y pegarla dentro del marco.

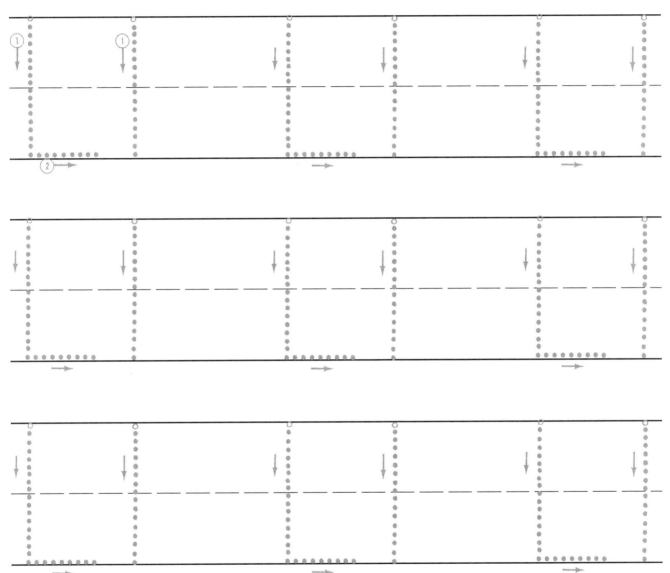

Instrucciones para escribir la letra L, l:

Profesor(a): Al mismo tiempo que escriba la letra en el tablero, repita la siguiente información:

(Para la **L**): "Localiza tu lápiz en el punto de partida. Haz una línea recta hasta tocar el piso y luego da la vuelta." Diga el nombre de la letra: "Esta es la letra **L** grande! Diga el sonido de la letra: "¡L, l, luna!

(Para la **l**): "Localiza tu lápiz en el punto de partida. Haz una línea recta hasta tocar el piso." Diga el nombre de la letra: "¡Esta es la letra **l** pequeña!" Diga el sonido de la letra: "¡L, l, luna!"

Mi Fónica y Página de Escribir (cont.)

Colorea, Corta y Pega las Figuras que Empiecen con el Sonido de la Letra L l

Profesor(a): El estudiante debe desprender esta hoja del libro.

Identifíca las figuras: lápiz, pluma, pelota, leche, limón, bate, langosta y músculos. El estudiante debe recortar las figuras siguiendo la línea interrumpida y pegar en la siguiente hoja aquellas que empiecen con el sonido de la letra **L**.

Nombre

Mis Figuras que Empiecen con el Sonido de la Letra

L   I

Mi Recorte de Revista por el Sonido de la Letra

L   I

Modo De Empleo: El estudiante debe recortar una figura de revista y pegarla dentro del marco.

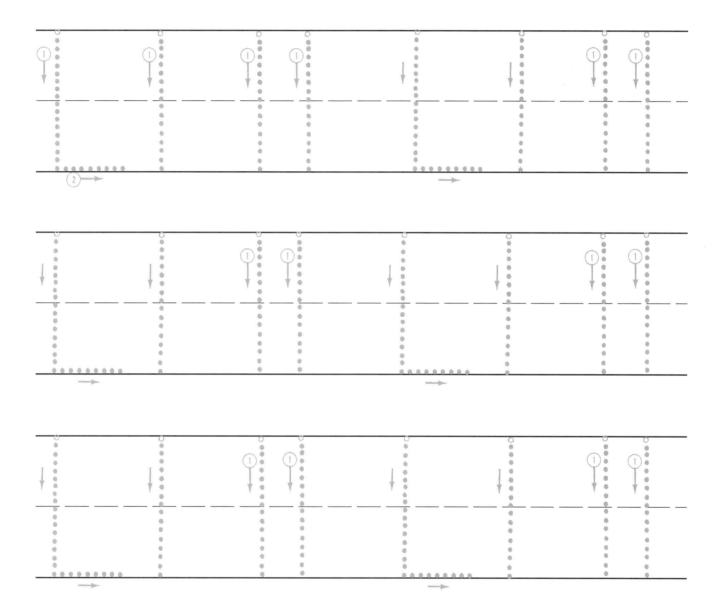

Instrucciones para escribir la letra Ll, ll:

Profesor(a): Al mismo tiempo que escriba la letra en el tablero, repita la siguiente información:

(Para la **Ll**): "Localiza tu lápiz en el punto de partida. Haz una línea recta hacia abajo hasta tocar el piso y luego da la vuelta. Ahora localiza tu lápiz en el punto de partida. Haz una línea recta hasta tocar el piso." Diga el nombre de la letra: "¡Esta es la letra **Ll** grande! Diga el sonido de la letra: "¡**Ll**, **ll**, llave!

(Para la **ll**): "Localiza tu lápiz en el punto de partida. Haz una línea recta hasta el piso." Repita. Diga el nombre de la letra: "¡Esta es la letra **ll** pequeña!" Diga el sonido de la letra: "¡**Ll**, **ll**, llave!"

Mi Fónica y Página de Escribir (cont.)

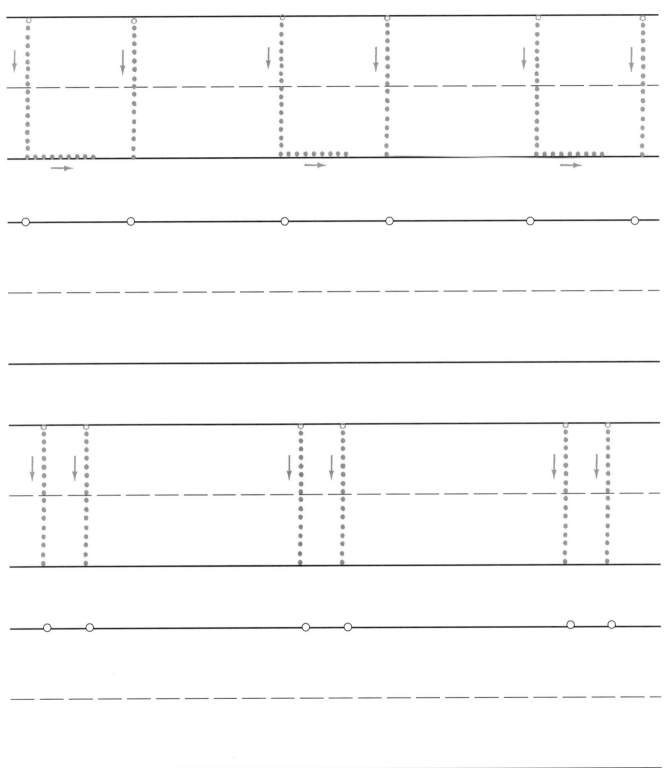

Colorea, Corta y Pega las Figuras que Empiecen con el Sonido de la Letra Ll  ll

Profesor(a): El estudiante debe desprender esta hoja del libro.

Identifíca las figuras: clave, hamburguesa, llanta, llama, caña de pescar, llavero, pies y lluvia. El estudiante debe recortar las figuras siguiendo la línea interrumpida y pegar en la siguiente hoja aquellas que empiecen con el sonido de la letra **Ll**.

Nombre

_____

Mis Figuras que Empiecen con el Sonido de la Letra

Ll  ll

Mi Recorte de Revista por el Sonido de la Letra

Ll  ll

Modo De Empleo: El estudiante debe recortar una figura de revista y pegarla dentro del marco.

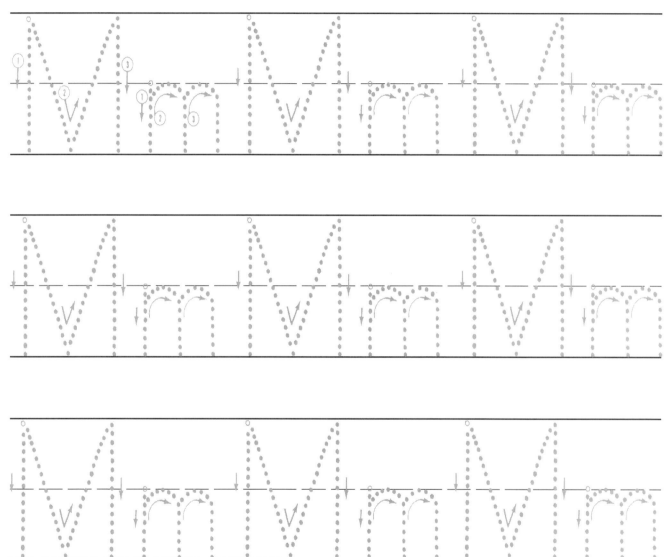

Instrucciones para escribir la letra M, m:

Profesor(a): Al mismo tiempo que escriba la letra en el tablero, repita la siguiente información:

(Para la **M**): "Localiza tu lápiz en el punto de partida. Haz una línea recta hasta el piso. Nuevamente localiza tu lápiz en el punto de partida y deslízalo hasta el piso y hacia arriba hasta la línea superior. Ahora desliza tu lápiz hasta el piso." Diga el nombre de le letra: "¡Esta es la letra **M** grande!" Diga el sonido de la letra: "¡**M**, **m**, mano!"

(Para la **m**): "Localiza tu lápiz en el punto de partida. Deslízalo hacia abajo hasta el piso. Traza la misma línea casi hasta la línea interrumpida. Haz una joroba y desliza tu lápiz hasta el piso. Después haz otra joroba y desliza el lápiz al piso. Presta atención que cada joroba toque la línea interrumpida." Diga el nombre de le letra: "¡Esta es la letra **m** pequeña!" Diga el sonido de la letra: "¡**M**, **m**, mano!"

Mi Fónica y Página de Escribir (cont.)

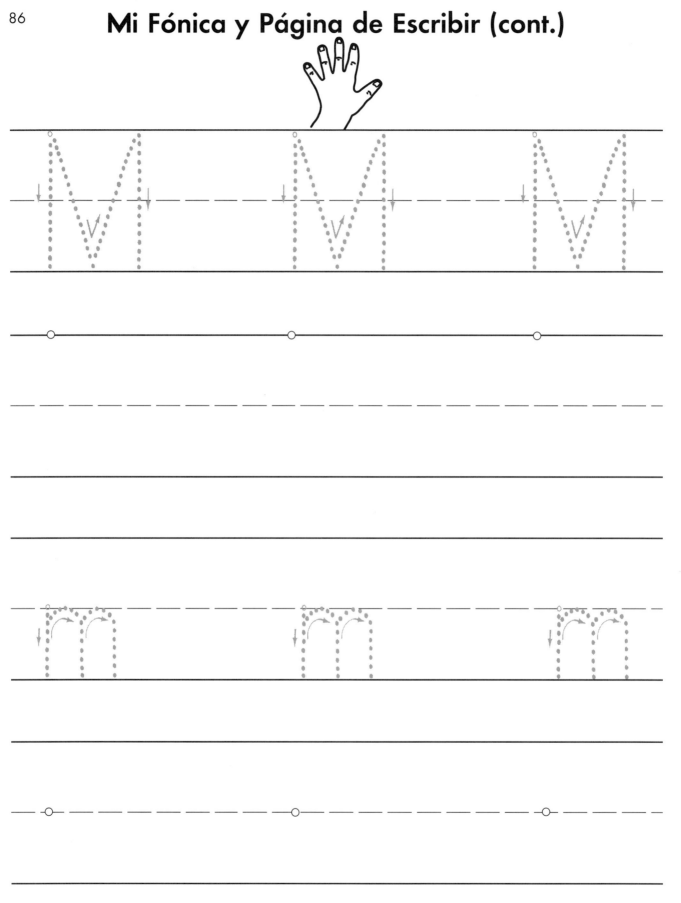

Colorea, Corta y Pega las Figuras que Empiecen con el Sonido de la Letra M

 m

Profesor(a): El estudiante debe desprender esta hoja del libro.
Identífica las figuras: bolo, guante de béisbol, mesa, balde, helicóptero, muñeca, mariposa y estropajo. El estudiante debe recortar las figuras siguiendo la línea interrumpida y pegar en la siguiente hoja aquellas que empiecen con el sonido de la letra **M**.

Nombre

Mis Figuras que Empiecen con el Sonido de la Letra

M m

Mi Recorte de Revista por el Sonido de la Letra

M  m

Modo De Empleo: El estudiante debe recortar una figura de revista y pegarla dentro del marco.

Mi Fónica y Página de Escribir

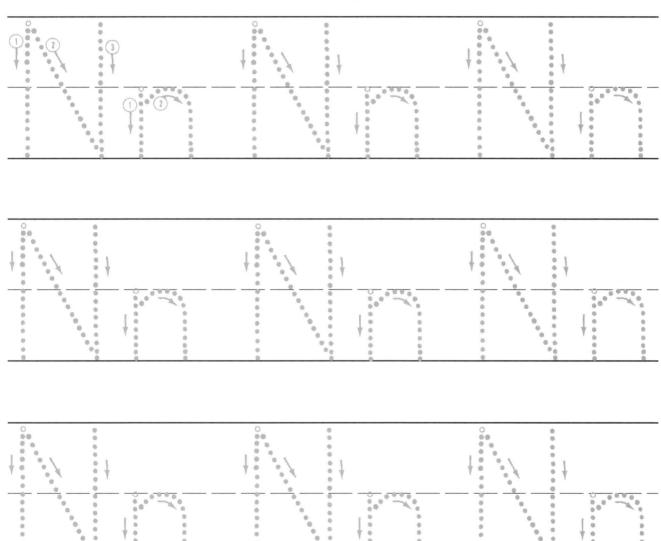

Instrucciones para escribir la letra N, n:

Profesor(a): Al mismo tiempo que escriba la letra en el tablero, repita la siguiente información:

(Para la **N**): "Localiza tu lápiz en el punto de partida. Haz una línea recta hacia abajo hasta tocar el piso. Nuevamente localiza tu lápiz en el punto de partida y deslízalo hasta el piso. Localiza tu lápiz en el techo y muévelo en línea recta hasta el piso." Diga el nombre de la letra: "¡Esta es la letra **N** grande!" Diga el sonido de la letra: "¡N, n, nave!"

(Para la **n**): "Localiza tu lápiz en el punto de partida. Haz una línea recta hasta el piso y devuélvete sobre la misma línea. Antes de llegar a la línea interrumpida, haz una joroba y desliza el lápiz al piso. La joroba tiene que tocar la línea interrumpida." Diga el nombre de la letra: "¡Esta es la letra **n** pequeña!" Diga el sonido de la letra: "¡N, n, nave!"

Mi Fónica y Página de Escribir (cont.)

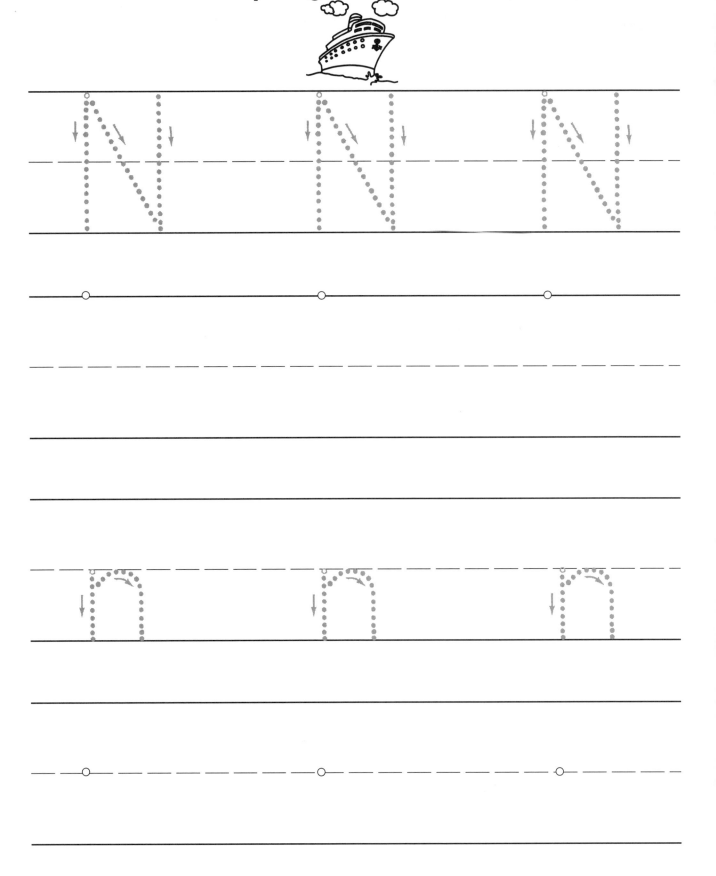

Colorea, Corta y Pega las Figuras que Empiecen con el Sonido de la Letra N n

Profesor(a): El estudiante debe desprender esta hoja del libro.
Identifica las figuras: bombilla, caballo, nido, números, gancho de ropa, hada, nudo y naranja. El estudiante debe recortar las figuras siguiendo la línea interrumpida y pegar en la siguiente hoja aquellas que empiecen con el sonido de la letra **N**.

Nombre

Mis Figuras que Empiecen con el Sonido de la Letra

N n

Mi Recorte de Revista por el Sonido de la Letra

Modo De Empleo: El estudiante debe recortar una figura de revista y pegarla dentro del marco.

Mi Fónica y Página de Escribir

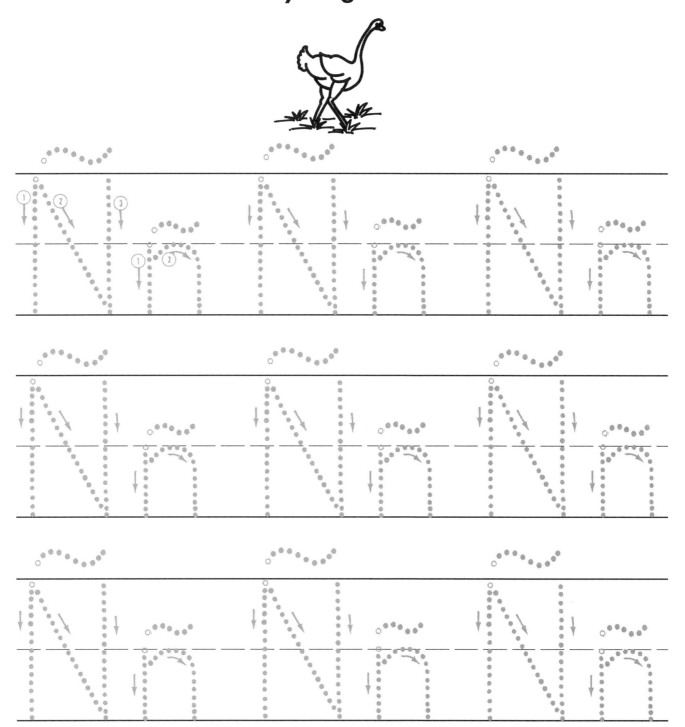

Instrucciones para escribir la letra Ñ, ñ:

Profesor(a): Al mismo tiempo que escriba la letra en el tablero, repita la siguiente información:

(Para la **Ñ**): "Localiza tu lápiz en el punto de partida. Haz una línea recta hasta tocar el piso. Nuevamente localiza tu lápiz en el punto de partida y deslízalo hasta el piso. Localiza tu lápiz en el techo y muévelo en línea recta hasta el piso. Localiza tu lápiz por encima del techo y haz una sombrilla." Diga el nombre de la letra: "¡Esta es la letra **Ñ** grande!" Diga el sonido de la letra: "¡**Ñ, ñ**, ñandú!"

(Para la **ñ**): "Localiza tu lápiz en el punto de partida. Haz una línea recta hacia abajo hasta el piso. Luego devuélvete sobre la misma línea. Antes de llegar a la línea interrumpida, haz una joroba y baja hasta el piso. La joroba tiene que tocar la línea interrumpida. Finalmente, localiza el lápiz encima de la línea interrumpida y ponle una sombrilla a la joroba." Diga el nombre de la letra: "¡Esta es la letra **ñ** pequeña!" Diga el sonido de la letra: "¡**Ñ, ñ**, ñandú!"

Mi Fónica y Página de Escribir (cont.)

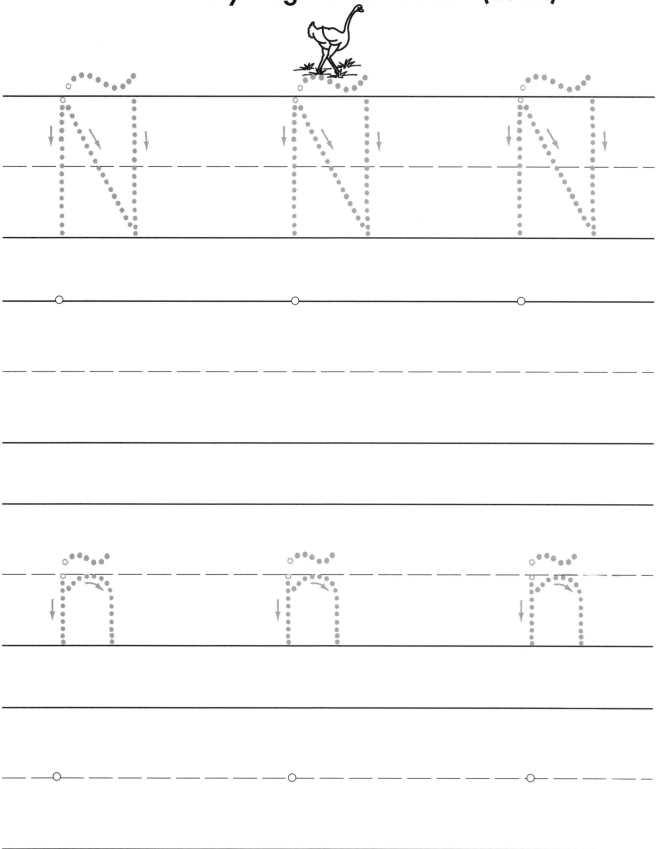

Colorea, Corta y Pega las Figuras que Empiecen con o que Contengan el Sonido de la Letra Ñ ñ

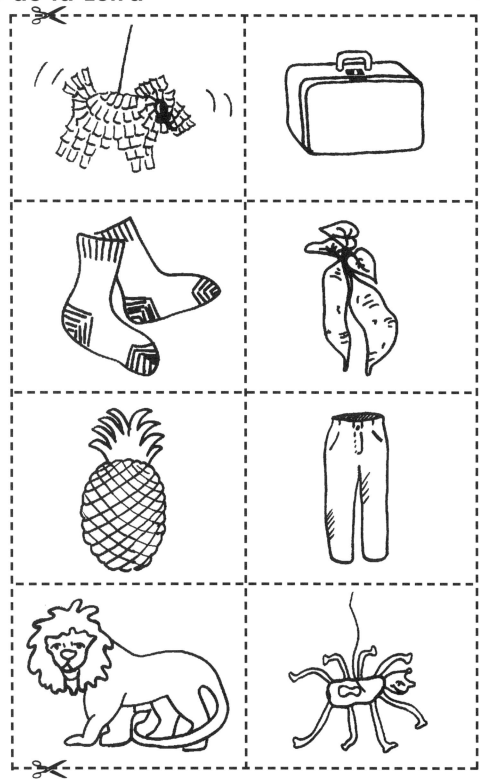

Profesor(a): El estudiante debe desprender esta hoja del libro.

Identifíca las figuras: piñata, maleta, medias, ñame, piña, pantalones, león y araña. El estudiante debe recortar las figuras siguiendo la línea interrumpida y pegar en la siguiente hoja aquellas que empiecen con el sonido de la letra **Ñ**.

Mis Figuras que Empiecen con o que Contengan el Sonido de la Letra

Ñ ñ

Modo De Empleo: Asegúrese que el estudiante primero desprenda esta hoja y pegue las figuras que empiecen con el sonido de la letra **Ñ**.

Mi Recorte de Revista por el Sonido de la Letra

Ñ   ñ

Modo De Empleo: El estudiante debe recortar una figura de revista y pegarla dentro del marco.

Mi Fónica y Página de Escribir

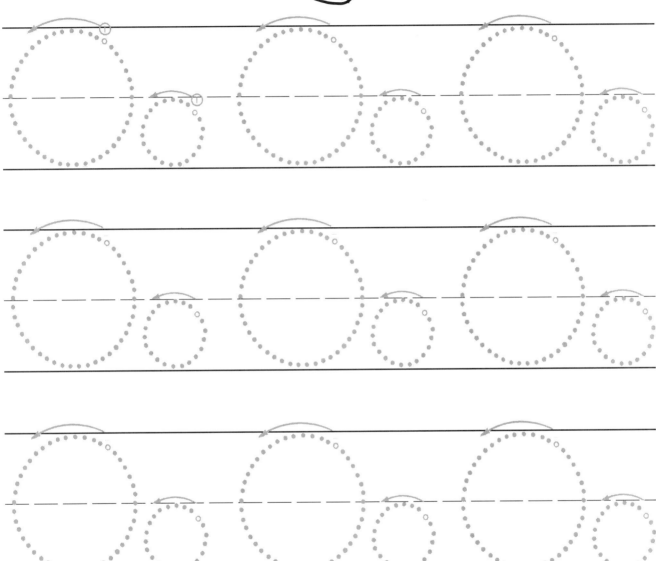

Instrucciones para escribir la letra O, o:

Profesor(a): Al mismo tiempo que escriba la letra en el tablero, repita la siguiente información:

(Para la **O**): "Localiza tu lápiz en el punto de partida. Da la vuelta en círculo hasta tocar el techo. Da la vuelta hasta tocar el piso y finalmente hacia arriba hasta encontrarte con el punto de partida." Diga el nombre de la letra: "¡Esta es la letra **O** grande!" Diga el sonido de la letra: "¡O, o, oso!"

(Para la **o**): "Localiza tu lápiz en el punto de partida. Da la vuelta en círculo hasta tocar la línea interrumpida, da la vuelta hacia abajo hasta tocar el piso y finalmente hacia arriba hasta encontrarte con el punto de partida." Diga el nombre de la letra: "¡Esta es la letra **o** pequeña!" Diga el sonido de la letra: "¡O, o, oso!"

Mi Fónica y Página de Escribir (cont.)

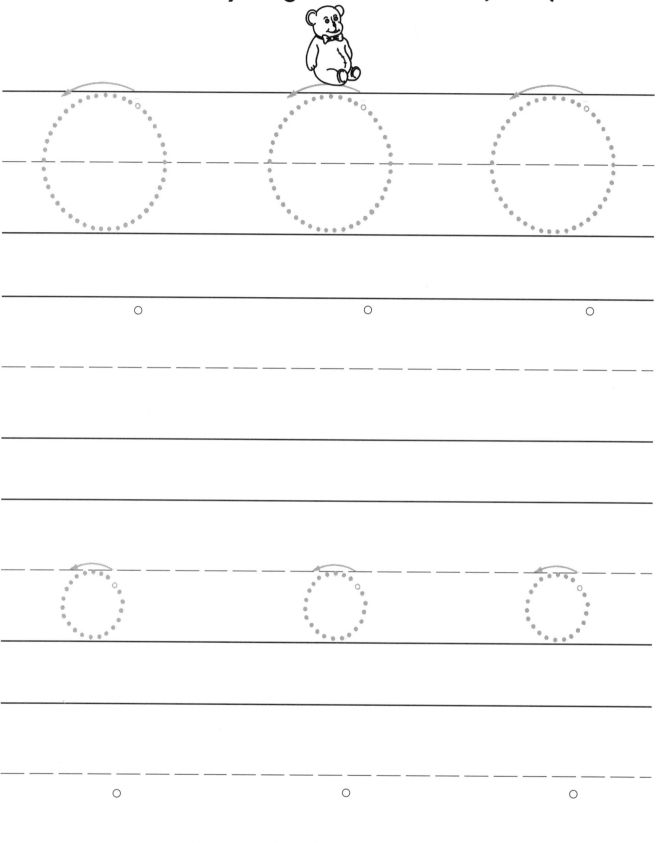

Colorea, Corta y Pega las Figuras que Empiecen con el Sonido de la Letra O

Profesor(a): El estudiante debe desprender esta hoja del libro.

Identifíca las figuras: acuarelas, oveja, ocho, cola, bicicleta, olas, olla y gusano. El estudiante debe recortar las figuras siguiendo la línea interrumpida y pegar en la siguiente hoja aquellas que empiecen con el sonido de la letra **O**.

Nombre

Mis Figuras que Empiecen con el Sonido de la Letra

O O

Mi Recorte de Revista por el Sonido de la Letra

Modo De Empleo: El estudiante debe recortar una figura de revista y pegarla dentro del marco.

Mi Fónica y Página de Escribir

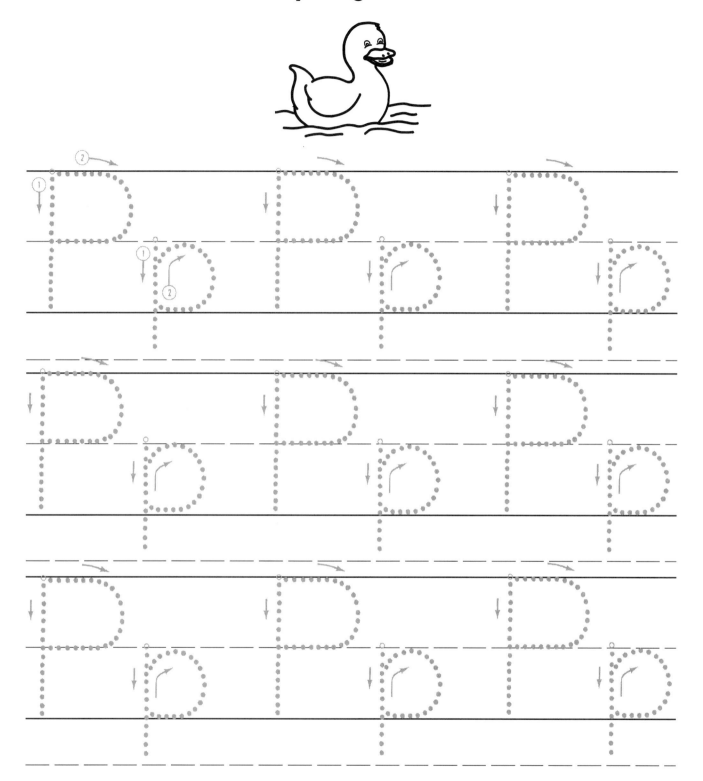

Instrucciones para escribir la letra P, p:

Profesor(a): Al mismo tiempo que escriba la letra en el tablero, repita la siguiente información:

(Para la **P**): "Localiza tu lápiz en el punto de partida y deslízalo hasta el piso. Nuevamente localiza tu lápiz en el punto de partida y da la vuelta en círculo tocando la línea interrumpida." Diga el nombre de la letra: "¡Esta es la letra **P** grande!" Diga el sonido de la letra: "¡P, **p**, pato!"

(Para la **p**): "Localiza tu lápiz en el punto de partida y muévelo hacia abajo através el piso hasta el sótano. Devuélvete por la misma línea y antes de llegar a la línea interrumpida, da la vuelta en círculo y toca el piso." Diga el nombre de la letra: "¡Esta es la letra **p** pequeña!" Diga el sonido de la letra: "¡P, **p**, pato!"

Mi Fónica y Página de Escribir (cont.)

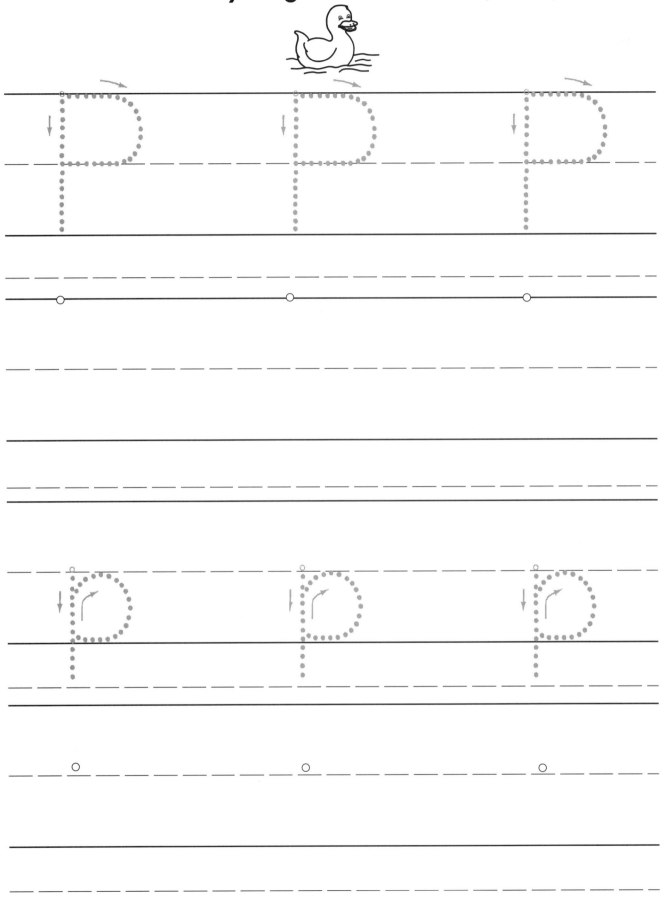

Colorea, Corta y Pega las Figuras que Empiecen con el Sonido de la Letra P

p

Profesor(a): El estudiante debe desprender esta hoja del libro.

Identifíca las figuras: payaso, pan, pelota, avión, pera, toalla, rompecabeza y telaraña. El estudiante debe recortar las figuras siguiendo la línea interrumpida y pegar en la siguiente hoja aquellas que empiecen con el sonido de la letra **P**.

Nombre

_ _

Mis Figuras que Empiecen con el Sonido de la Letra

P   p

Modo De Empleo: Asegúrese que el estudiante primero desprenda esta hoja y pegue las figuras que empiecen con el sonido de la letra **P**.

Mi Recorte de Revista por el Sonido de la Letra

P   p

Modo De Empleo: El estudiante debe recortar una figura de revista y pegarla dentro del marco.

Mi Fónica y Página de Escribir

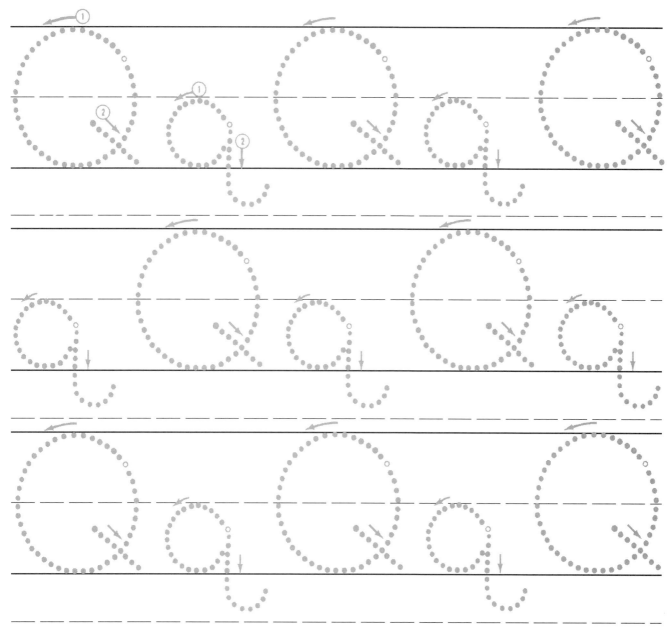

Instrucciones para escribir la letra Q, q:

Profesor(a): Al mismo tiempo que escriba la letra en el tablero, repita la siguiente información:

(Para la **Q**): "Localiza tu lápiz en el punto de partida. Haz una O grande y dale un bastón para que camine derecha." Diga el nombre de la letra: "¡Esta es la letra **Q** grande!" Diga el sonido de la letra: "¡Q, q queso!"

(Para la **q**): "Localiza tu lápiz en el punto de partida y haz una a pequeña. Nuevamente, localiza tu lápiz en el punto de partida y muévelo hacia abajo pasando através el piso hacia el sótano. Haz una curva para formar una canasta." Diga el nombre de la letra: "¡Esta es la letra **q** pequeña!" Diga el sonido de la letra: "¡Q, q queso!"

Mi Fónica y Página de Escribir (cont.)

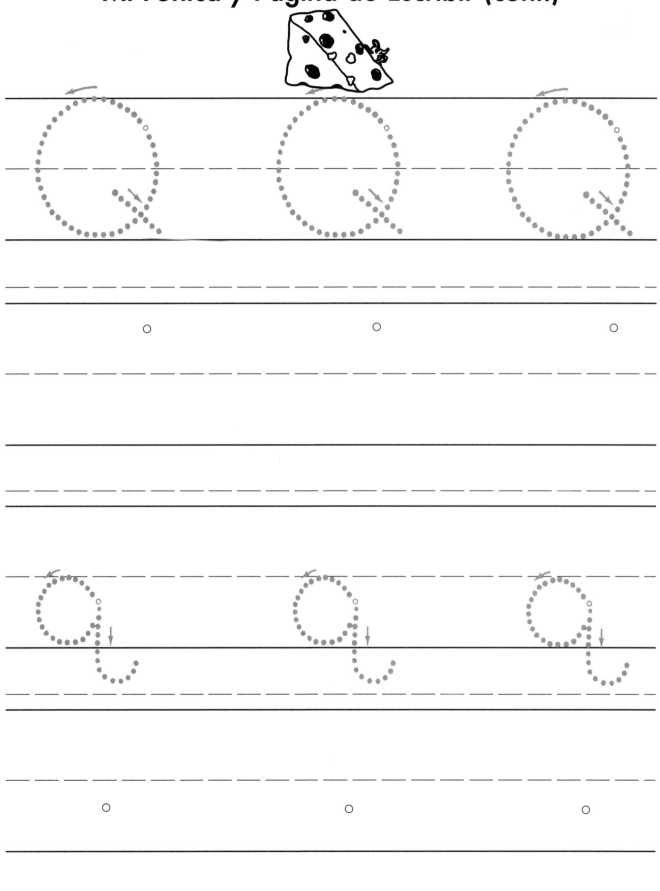

Colorea, Corta y Pega las Figuras que Empiecen con el Sonido de la

Profesor(a): El estudiante debe desprender esta hoja del libro.
Identifíca las figuras: florero, querubín, quince, queso, ala, bandera, quinientos y radio. El estudiante debe recortar las figuras siguiendo la línea interrumpida y pegar en la siguiente hoja aquellas que empiecen con el sonido de la letra **Q**.

Nombre

Mis Figuras que Empiecen con el Sonido de la Letra

Q   a

Mi Recorte de Revista por el Sonido de la Letra

Q q

Modo De Empleo: El estudiante debe recortar una figura de revista y pegarla dentro del marco.

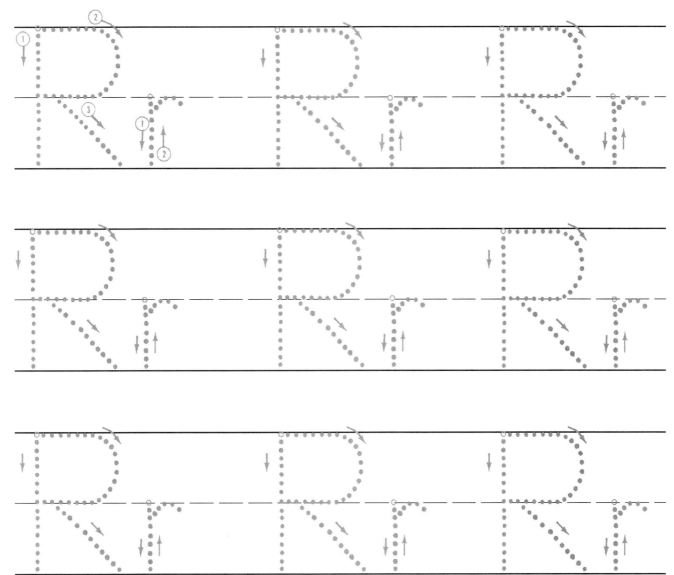

Instrucciones para escribir la letra R, r:

Profesor(a): Al mismo tiempo que escriba la letra en el tablero, repita la siguiente información:

(Para la **R**): "Localiza tu lápiz en el punto de partida. Haz una P grande y ponle una línea como pierna hasta el piso." Diga el nombre de la letra: "¡Esta es la letra **R** grande!" Diga el sonido de la letra: "¡**R**, **r**, reina!"

(Para la **r**): "Localiza tu lápiz en el punto de partida. Haz una línea recta hasta tocar el piso. Devuélvete hacia arriba y haz un ganchito." Diga el nombre de la letra: "¡Esta es la letra **r** pequeña!" Diga el sonido de la letra: "¡**R**, **r**, reina!"

Mi Fónica y Página de Escribir (cont.)

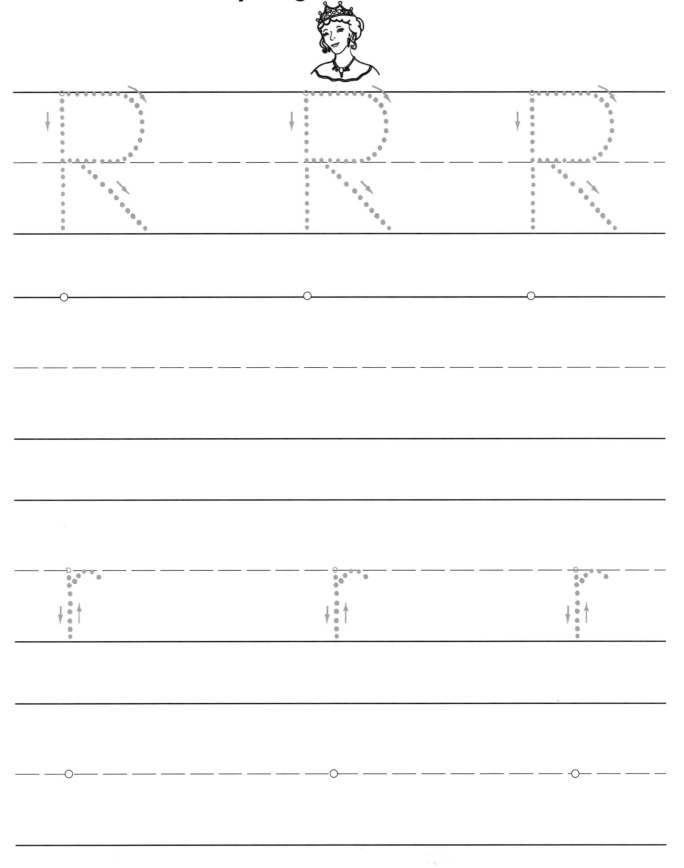

Colorea, Corta y Pega las Figuras que Empiecen con el Sonido de la Letra R

r

Profesor(a): El estudiante debe desprender esta hoja del libro.

Identifíca las figuras: jeep, rastrillo, regalo, cohete, perro caliente, rosa, diez y reloj. El estudiante debe recortar las figuras siguiendo la línea interrumpida y pegar en la siguiente hoja aquellas que empiecen con el sonido de la letra **R**.

Nombre

Mis Figuras que Empiecen con el Sonido de la Letra

Modo De Empleo: Asegúrese que el estudiante primero desprenda esta hoja y pegue las figuras que empiecen con el sonido de la letra **R**.

Mi Recorte de Revista por el Sonido de la Letra

R r

Modo De Empleo: El estudiante debe recortar una figura de revista y pegarla dentro del marco.

Mi Fónica y Página de Escribir

Instrucciones para escribir la letra -rr-:
Profesor(a): Al mismo tiempo que escriba la letra en el tablero, repita la siguiente información:
(Para la -rr-): Localiza tu lápiz en el punto de partida. Haz una línea recta hasta el piso. Devuélvete hacia arriba y haz un ganchito." Repita.
Diga el nombre de la letra: "¡Esta es la letra doble -rr-!" Diga el sonido de la letra: "¡-rr-, -rr-, perro!"

Mi Fónica y Página de Escribir (cont.)

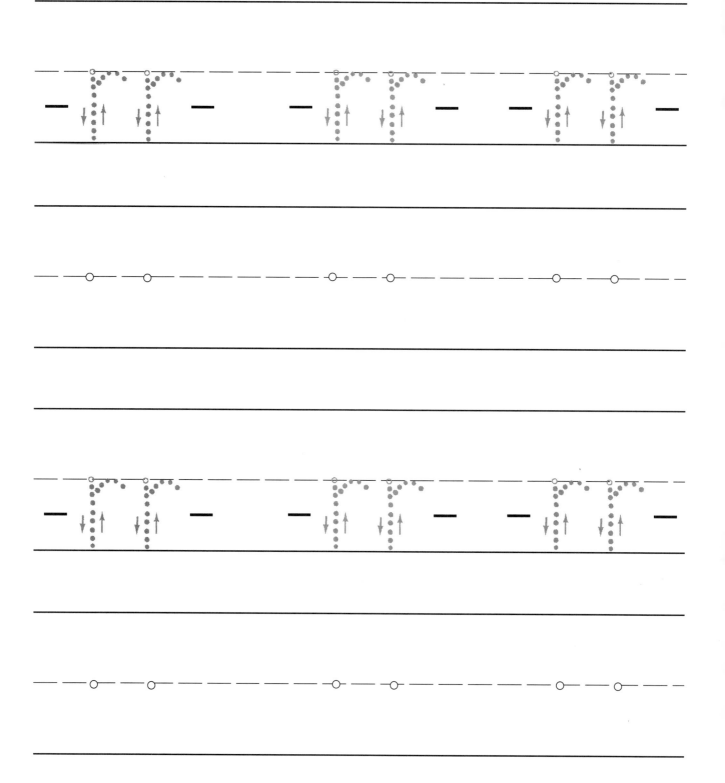

Colorea, Corta y Pega las Figuras que Contengan el Sonido de la Letra -rr-

-rr-

Profesor(a): El estudiante debe desprender esta hoja del libro.

Identifíca las figuras: pata, jarra, guitarra, moño, pez, zorro, pizarra y pato. El estudiante debe recortar las figuras siguiendo la línea interrumpida y pegar en la siguiente hoja aquellas que empiecen con el sonido de la letra **-rr-**.

Nombre

Mis Figuras que Contengan el Sonido de la Letra

-rr-  -rr-

Modo De Empleo: Asegúrese que el estudiante primero desprenda esta hoja y pegue las figuras que contengan el sonido de la letra **-rr-**.

Mi Recorte de Revista por el Sonido de la Letra

-rr- -rr-

Modo De Empleo: El estudiante debe recortar una figura de revista y pegarla dentro del marco.

Mi Fónica y Página de Escribir

Instrucciones para escribir la letra S, s:

Profesor(a): Al mismo tiempo que escriba la letra en el tablero, repita la siguiente información:

(Para la **S**): "Localiza tu lápiz en el punto de partida. Haz la letra c pequeña en el espacio del superior, y devuélvete hacia abajo y hacia atrás en círculo." Diga el nombre de la letra: "¡Esta es la letra **S** grande!" Diga el sonido de la letra: "¡**S**, **s**, sapo!"

(Para la **s**): "Localiza tu lápiz en el punto de partida. Haz una c pequeñita en el espacio superior, y devuélvete hacia abajo y hacia atrás en círculo." Diga el nombre de la letra: " Esta es la letra **s** pequeña!" Diga el sonido de la letra: "¡**S**, **s**, sapo!"

133

Mi Fónica y Página de Escribir (cont.)

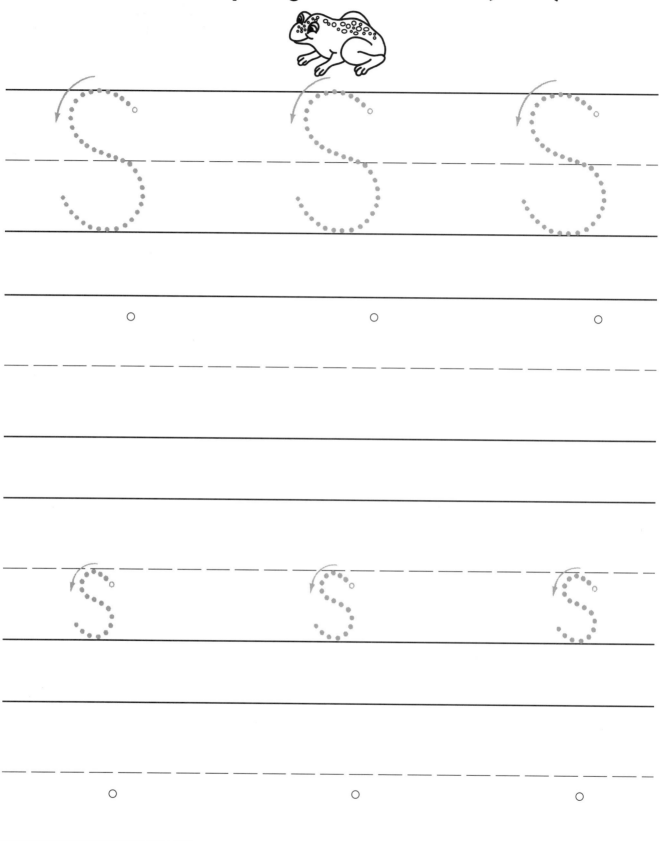

Colorea, Corta y Pega las Figuras que Empiecen con el Sonido de la Letra S  S

Profesor(a): El estudiante debe desprender esta hoja del libro.
Identifíca las figuras: foca, serrucho, árbol, pierna, silla, sal, sandía y brocha. El estudiante debe recortar las figuras siguiendo la línea interrumpida y pegar en la siguiente hoja aquellas que empiecen con el sonido de la letra **S**.

Nombre

Mis Figuras que Empiecen con el Sonido de la Letra

S **s**

Modo De Empleo: Asegúrese que el estudiante primero desprenda esta hoja y pegue las figuras que empiecen con el sonido de la letra **S**.

Mi Recorte de Revista por el Sonido de la Letra

S   s

Modo De Empleo: El estudiante debe recortar una figura de revista y pegarla dentro del marco.

Mi Fónica y Página de Escribir

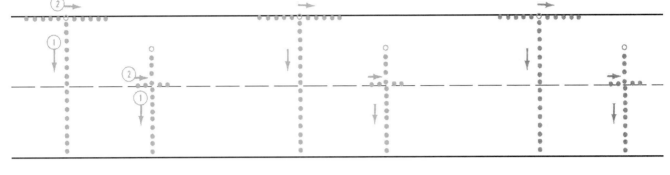

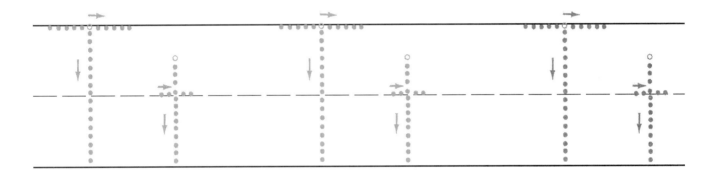

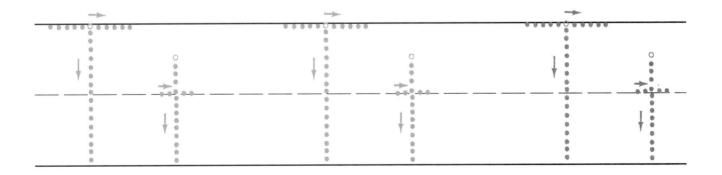

Instrucciones para escribir la letra T, t:

Profesor(a): Al mismo tiempo que escriba la letra en el tablero, repita la siguiente información:

(Para la **T**): "Localiza tu lápiz en el punto de partida. Haz una línea recta hasta tocar el piso y dale un sombrero." Diga el nombre de la letra: "¡Esta es la letra **T** grande!" Diga el sonido de la letra: "¡T, t, toro!"

(Para la **t**): "Localiza tu lápiz en el punto de partida. La t pequeña es la adolescente. No es tan alta como las letras grandes ni tan baja como las letras pequeñas. Desliza tu lápiz hasta el piso y crúzala siguiendo la línea interrumpida." Diga el nombre de la letra: "¡Esta es la letra **t** pequeña!" Diga el sonido de la letra: "¡T, **t**, toro!"

Mi Fónica y Página de Escribir (cont.)

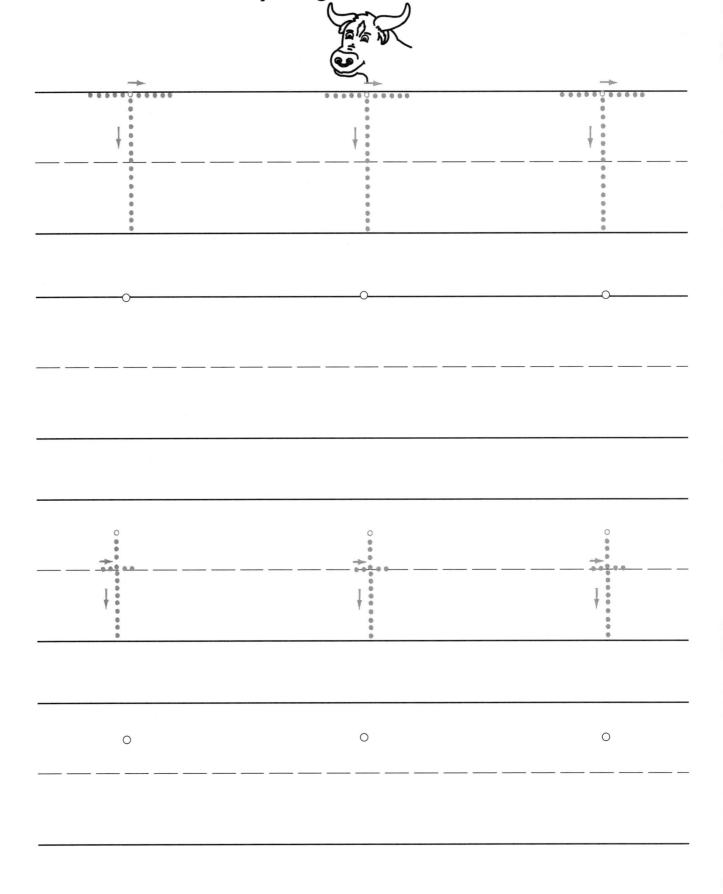

Colorea, Corta y Pega las Figuras que Empiecen con el Sonido de la Letra T

t

Profesor(a): El estudiante debe desprender esta hoja del libro.
Identifíca las figuras: taza, ballena, sol, tijeras, tenedor, serpiente, juguetes y tortuga. El estudiante debe recortar las figuras siguiendo la línea interrumpida y pegar en la siguiente hoja aquellas que empiecen con el sonido de la letra T.

Nombre

Mis Figuras que Empiecen con el Sonido de la Letra

T  t

Modo De Empleo: Asegúrese que el estudiante primero desprenda esta hoja y pegue las figuras que empiecen con el sonido de la letra **T**.

Mi Recorte de Revista por el Sonido de la Letra

T  t

Modo De Empleo: El estudiante debe recortar una figura de revista y pegarla dentro del marco.

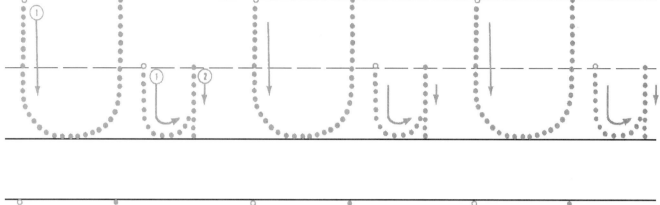

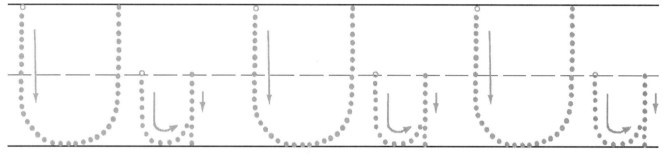

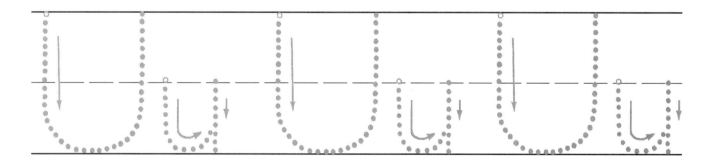

Instrucciones para escribir la letra U, u:

Profesor(a): Al mismo tiempo que escriba la letra en el tablero, repita la siguiente información:

(Para la **U**): "Localiza tu lápiz en el punto de partida. Haz una línea recta casi hasta el piso y da la vuelta en círculo y continua la línea hasta el techo." Diga el nombre de la letra: "¡Esta es la letra **U** grande!" Diga el sonido de la letra: "¡**U**, **u**, uno!"

(Para la **u**): "Localiza tu lápiz en el punto de partida. Haz una línea recta casi hasta el piso y da la vuelta en círculo y continúa hasta tocar la línea interrumpida. Devuélvete por la misma línea y toca el piso." Diga el nombre de la letra: "¡Esta es la letra **u** pequeña!" Diga el sonido de la letra: "¡**U**, **u**, uno!"

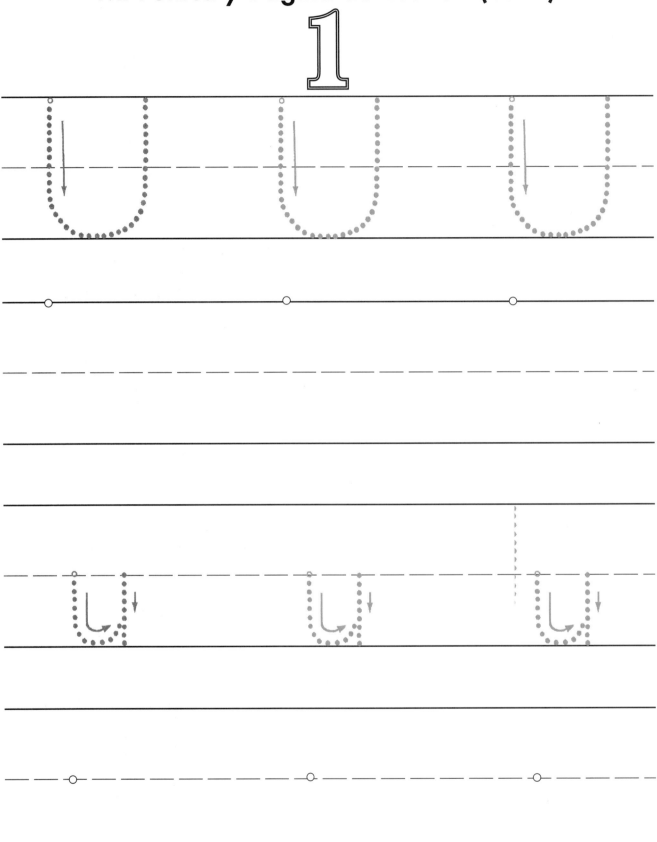

Mi Fónica y Página de Escribir (cont.)

Colorea, Corta y Pega las Figuras que Empiecen con el Sonido de la Letra U

u

Profesor(a): El estudiante debe desprender esta hoja del libro.

Identifíca las figuras: avión, uniforme, uña, tambor, unicornio, lápiz, ardilla y uvas. El estudiante debe recortar las figuras siguiendo la línea interrumpida y pegar en la siguiente hoja aquellas que empiecen con el sonido de la letra U.

148

Nombre

Mis Figuras que Empiecen con el Sonido de la Letra

U 1 u

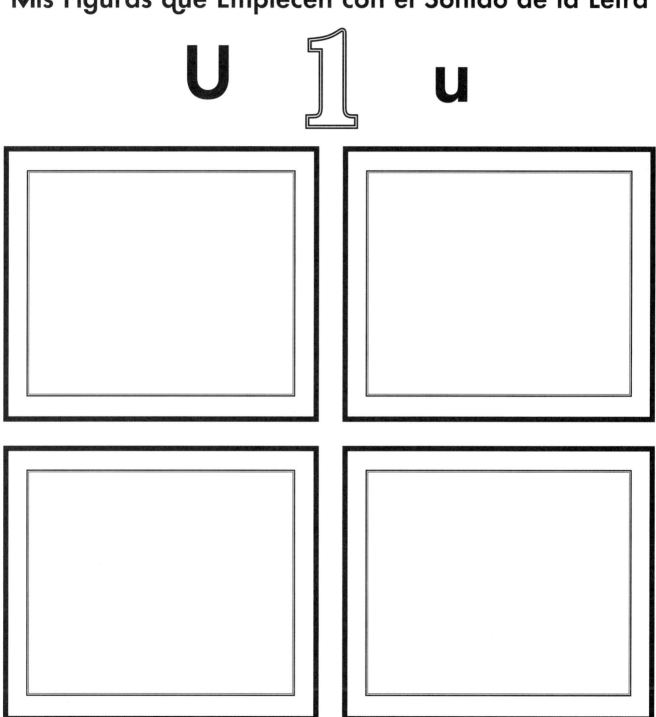

Modo De Empleo: Asegúrese que el estudiante primero desprenda esta hoja y pegue las figuras que empiecen con el sonido de la letra **U**.

Mi Recorte de Revista por el Sonido de la Letra

U 1 u

Modo De Empleo: El estudiante debe recortar una figura de revista y pegarla dentro del marco.

Mi Fónica y Página de Escribir

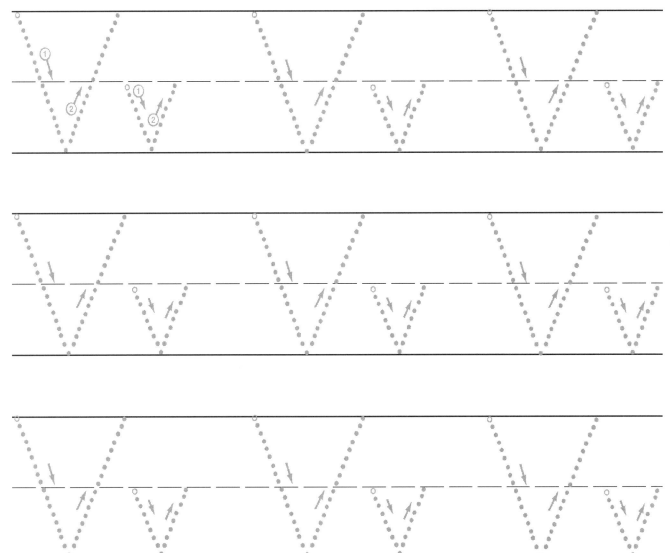

Instrucciones para escribir la letra V, v:

Profesor(a): Al mismo tiempo que escriba la letra en el tablero, repita la siguiente información:

(Para la **V**): "Localiza tu lápiz en el punto de partida y deslízalo hasta tocar el piso. Devuélvete hasta el techo." Diga el nombre de la letra: "¡Esta es la letra **V** grande!" Diga el sonido de la letra: "¡**V**, **v**, vaquero!"

(Para la **v**): "Localiza tu lápiz en el punto de partida y deslízalo hasta el piso. Devuélvete hasta la línea interrumpida." Diga el nombre de la letra: "¡Esta es la letra **v** pequeña!" Diga el sonido de la letra: "¡**V**, **v**, vaquero!"

Mi Fónica y Página de Escribir (cont.)

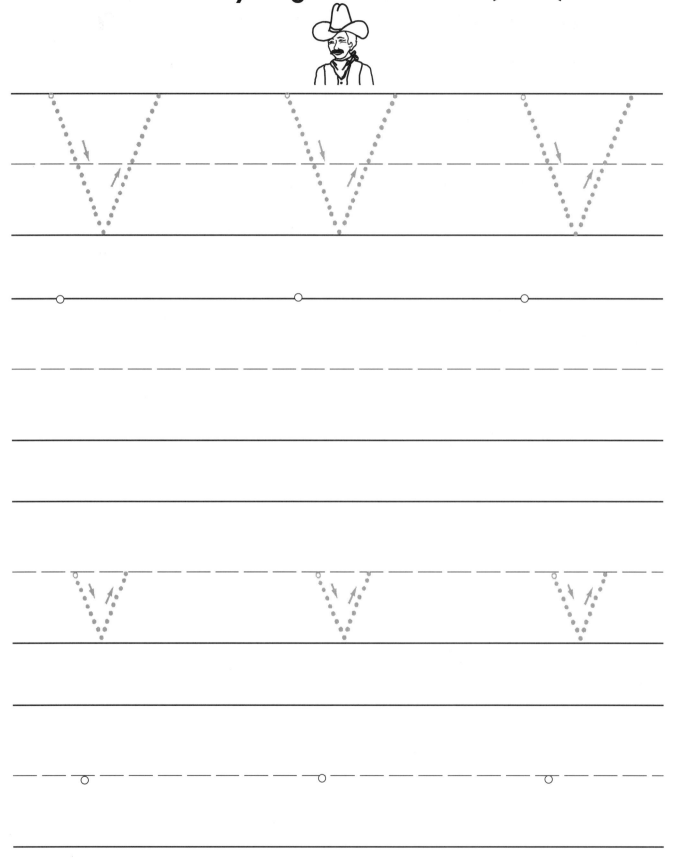

Colorea, Corta y Pega las Figuras que Empiecen con el Sonido de la Letra **V**

V

Profesor(a): El estudiante debe desprender esta hoja del libro.
Identifíca las figuras: hoja, violín, vegetales/verduras, saltamontes, manzana, vela, vaso y mujer. El estudiante debe recortar las figuras siguiendo la línea interrumpida y pegar en la siguiente hoja aquellas que empiecen con el sonido de la letra **V**.

Nombre

Mis Figuras que Empiecen con el Sonido de la Letra

V   **v**

Modo De Empleo: Asegúrese que el estudiante primero desprenda esta hoja y pegue las figuras que empiecen con el sonido de la letra **V**.

Mi Recorte de Revista por el Sonido de la Letra

V   **v**

Modo De Empleo: El estudiante debe recortar una figura de revista y pegarla dentro del marco.

Mi Fónica y Página de Escribir

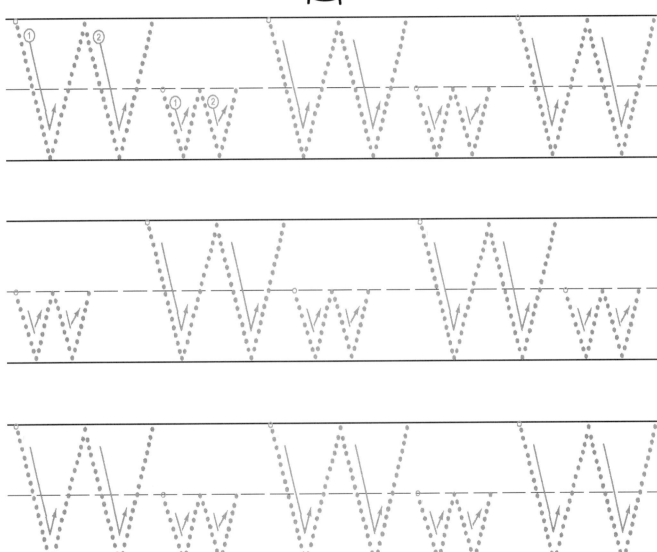

Instrucciones para escribir la letra W, w:

Profesor(a): Al mismo tiempo que escriba la letra en el tablero, repita la siguiente información:

(Para la **W**): "Localiza tu lápiz en el punto de partida y haz una V grande y enseguida forma otra V grande. Las dos van juntas de la mano como dos hermanas." Diga el nombre de la letra: "¡Esta es la letra **W** grande!" Diga el sonido de la letra: "¡W, w, Willi!"

(Para la **w**): "Localiza tu lápiz en el punto de partida y haz una v pequeña y enseguida forma otra v pequeña. Las dos van juntas de la mano como dos hermanas." Diga el nombre de la letra: "¡Esta es la letra **w** pequeña!" Diga el sonido de la letra: "¡W, w, Willi!"

Mi Fónica y Página de Escribir (cont.)

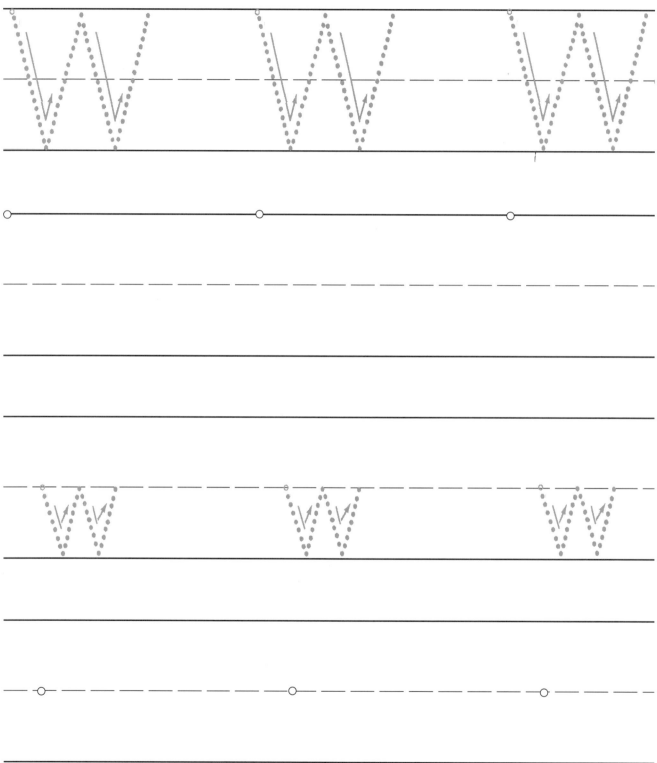

Colorea, Corta y Pega las Figuras que Empiecen con el Sonido de la Letra W

Profesor(a): El estudiante debe desprender esta hoja del libro.

Identifíca las figuras: wagon, tapete, walkie-talkie, portamonedas, dragón, wat, reloj y waffle. El estudiante debe recortar las figuras siguiendo la línea interrumpida y pegar en la siguiente hoja aquellas que empiecen con el sonido de la letra **W**.

Nombre

Mis Figuras que Empiecen con el Sonido de la Letra

Modo De Empleo: Asegúrese que el estudiante primero desprenda esta hoja y pegue las figuras que empiecen con el sonido de la letra **W**.

Mi Recorte de Revista por el Sonido de la Letra

W  **w**

Modo De Empleo: El estudiante debe recortar una figura de revista y pegarla dentro del marco.

Mi Fónica y Página de Escribir

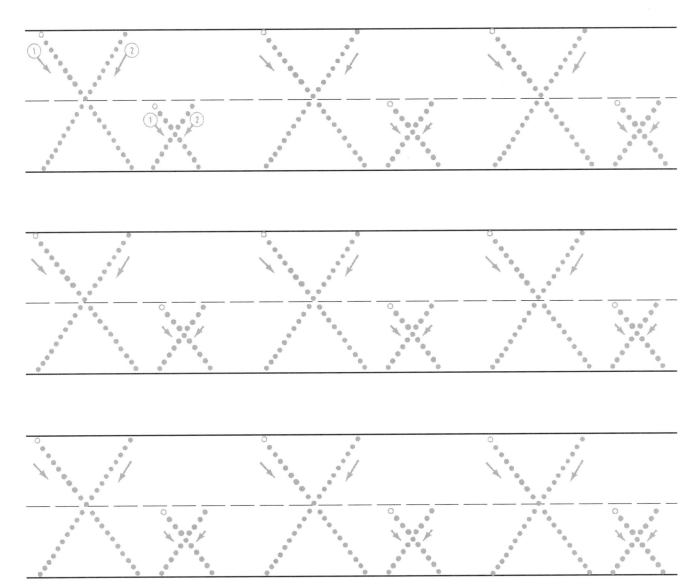

Instrucciones para escribir la letra X, x:

Profesor(a): Al mismo tiempo que escriba la letra en el tablero, repita la siguiente información:

(Para la **X**): "Localiza tu lápiz en el punto de partida y deslízalo hasta el piso. Nuevamente localiza tu lápiz en el techo y deslízalo hasta el piso." Diga el nombre de la letra: "¡Esta es la letra **X** grande!" Diga el sonido de la letra: "¡**X**, **x**, taxi!"

(Para la **x**): "Localiza tu lápiz en el punto de partida y deslízalo hasta el piso. Nuevamente localiza tu lápiz en la línea interrumpida y deslízalo hasta el piso." Diga el nombre de la letra: "¡Esta es la letra **x** pequeña!" Diga el sonido de la letra: "¡**X**, **x**, taxi!"

Mi Fónica y Página de Escribir (cont.)

Colorea, Corta y Pega las Figuras que Empiecen con o que Contengan el Sonido de la Letra

X  X

Profesor(a): El estudiante debe desprender esta hoja del libro.

Identifíca las figuras: México, zorro, reina, plato, taxi, xilófono, boxeo y pavo. El estudiante debe recortar las figuras siguiendo la línea interrumpida y pegar en la siguiente hoja aquellas que empiecen con el sonido de la letra **X**.

Mis Figuras que Empiecen con o que Contengan el Sonido de la Letra

X  X

Modo De Empleo: Asegúrese que el estudiante primero desprenda esta hoja y pegue las figuras que empiecen con el sonido de la letra **X**.

Mi Recorte de Revista por el Sonido de la Letra

X X

Modo De Empleo: El estudiante debe recortar una figura de revista y pegarla dentro del marco.

Mi Fónica y Página de Escribir

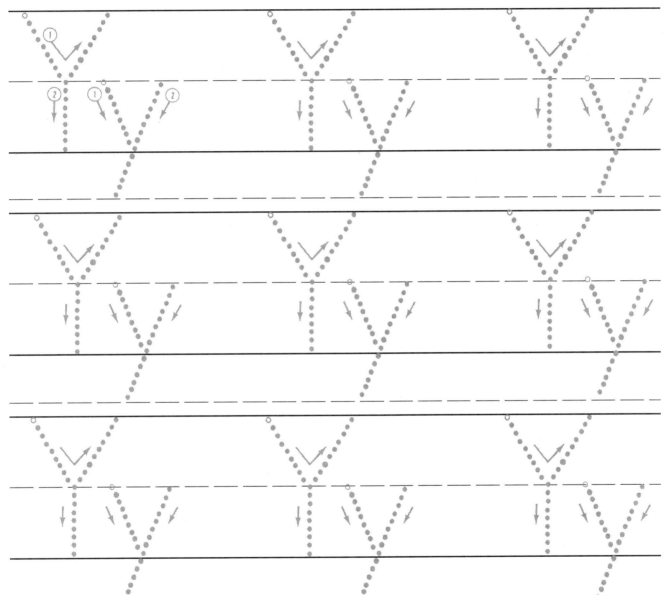

Instrucciones para escribir la letra Y, y:

Profesor(a): Al mismo tiempo que escriba la letra en el tablero, repita la siguiente información:

(Para la **Y**): "Localiza tu lápiz en el punto de partida. Haz una v pequeña en el espacio superior. Ahora le haces una cola hasta el piso."
Diga el nombre de la letra: "¡Esta es la letra **Y** grande!" Diga el sonido de la letra: "¡**Y**, **y**, yate!"

(Para la **y**): "Localiza tu lápiz en el punto de partida y deslízalo hasta el piso. Nuevamente localiza tu lápiz en la línea interrumpida y deslízalo hasta el sótano." Diga el nombre de la letra: "¡Esta es la letra **y** pequeña!" Diga el sonido de la letra: "¡**Y**, **y**, yate!"

Mi Fónica y Página de Escribir (cont.)

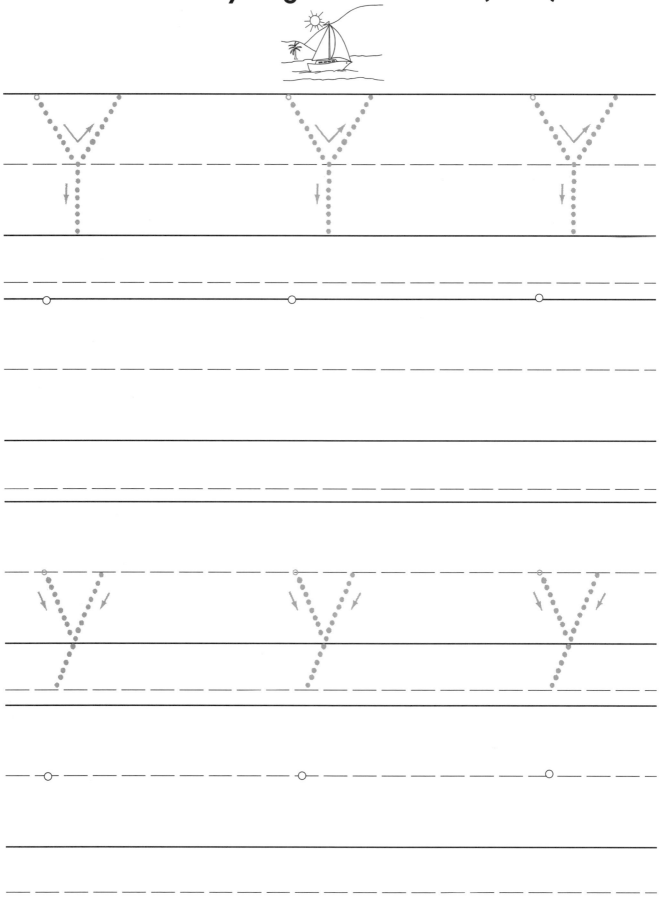

Colorea, Corta y Pega las Figuras que Empiecen con el Sonido de la Letra Y

Y **y**

Profesor(a): El estudiante debe desprender esta hoja del libro.

Identifíca las figuras: yelmo, yugo, lana, pingüino, mariposa, yema, peine y yo-yo. El estudiante debe recortar las figuras siguiendo la línea interrumpida y pegar en la siguiente hoja aquellas que empiecen con el sonido de la letra **Y**.

Nombre

Mis Figuras que Empiecen con el Sonido de la Letra

Y   y

Modo De Empleo: Asegúrese que el estudiante primero desprenda esta hoja y pegue las figuras que empiecen con el sonido de la letra **Y**.

Mi Recorte de Revista por el Sonido de la Letra

Modo De Empleo: El estudiante debe recortar una figura de revista y pegarla dentro del marco.

Mi Fónica y Página de Escribir

Instrucciones para escribir la letra Z, z:

Profesor(a): Al mismo tiempo que escriba la letra en el tablero, repita la siguiente información:

(Para la **Z**): "Localiza tu lápiz en el punto de partida. Muévelo sobre el techo, deslízalo hasta el piso (como el número 7) y muévelo sobre el piso." Diga el nombre de la letra: "¡Esta es la letra **Z** grande!" Diga el sonido de la letra: "¡**Z**, **z**, zorro!"

(Para la **z**): "Localiza tu lápiz en el punto de partida. Muévelo sobre la línea interrumpida, deslízalo hasta el piso (como el número 7) y muévelo sobre el piso." Diga el nombre de la letra: "¡Esta es la letra **z** pequeña!" Diga el sonido de la letra: "¡**Z**, **z**, zorro!"

Mi Fónica y Página de Escribir (cont.)

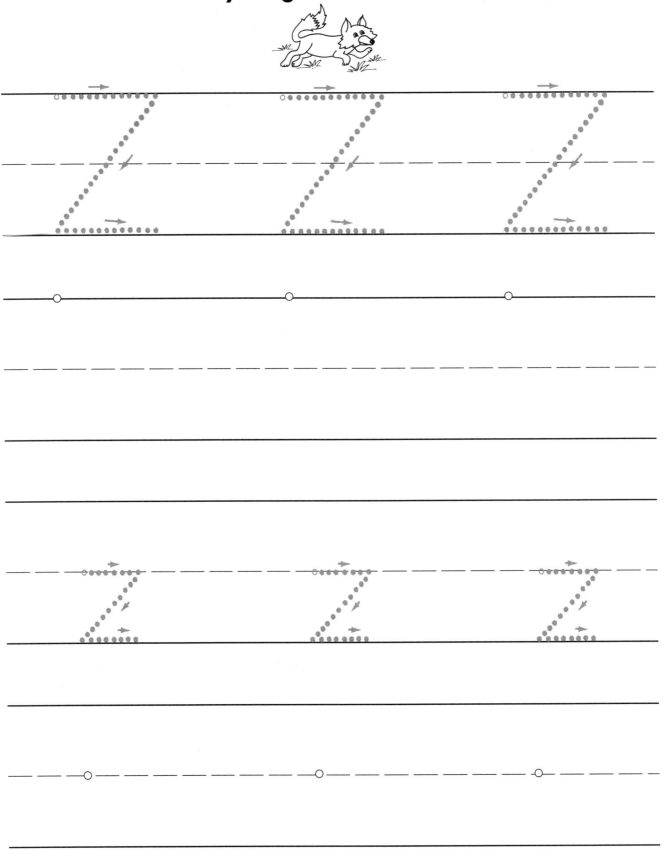

Colorea, Corta y Pega las Figuras que Empiecen con el Sonido de la Letra Z  z

Profesor(a): El estudiante debe desprender esta hoja del libro.

Identifíca las figuras: taza, zoológico, zapatos, muñeco de jenjibre, guitarra, zueco, zanahoria y cremallera.

El estudiante debe recortar las figuras siguiendo la línea interrumpida y pegar en la siguiente hoja aquellas que empiecen con el sonido de la letra **Z**.

Nombre

Mis Figuras que Empiecen con el Sonido de la Letra

Z **z**

Modo De Empleo: Asegúrese que el estudiante primero desprenda esta hoja y pegue las figuras que empiecen con el sonido de la letra **Z**.

Mi Recorte de Revista por el Sonido de la Letra

Z  **z**

Modo De Empleo: El estudiante debe recortar una figura de revista y pegarla dentro del marco.